会议礼仪

HUIYI LIYI

拒绝冗长、无聊，高效会议有方法

韩玉龙 编

河海大学出版社
HOHAI UNIVERSITY PRESS
·南京·

图书在版编目（CIP）数据

会议礼仪：拒绝冗长、无聊，高效会议有方法 / 韩玉龙编． -- 南京：河海大学出版社，2022.4
 ISBN 978-7-5630-7446-4

Ⅰ．①会… Ⅱ．①韩… Ⅲ．①会议－礼仪 Ⅳ.
① C931.47

中国版本图书馆 CIP 数据核字（2022）第 022812 号

书　　名	会议礼仪：拒绝冗长、无聊，高效会议有方法
	HUIYI LIYI:JUJUE RONGCHANG、WULIAO,GAOXIAO HUIYI YOU FANGFA
书　　号	ISBN 978-7-5630-7446-4
责任编辑	毛积孝
特约编辑	李　萍
特约校对	朱阿祥
装帧设计	刘昌凤
出版发行	河海大学出版社
地　　址	南京市西康路1号（邮编：210098）
电　　话	（025）83737852（总编室）
	（025）83722833（营销部）
经　　销	全国新华书店
印　　刷	三河市元兴印务有限公司
开　　本	660毫米×960毫米　1/16
印　　张	16
字　　数	219千字
版　　次	2022年4月第1版
印　　次	2022年4月第1次印刷
定　　价	59.80元

前言

会议礼仪是会议成功的金钥匙

会议,是领导者组织人员利用集体智慧解决具体问题的重要途径,也是领导者与组织成员互动交流、增进了解、统一思想、加强联系的管理手段。作为组织会议的领导者,要开好会并实现自己的领导意图,就必须坚持运用会议礼仪,这是保证会议成功必不可少的实现途径。

召开任何会议,都要有主题、有要求、有程序。会议礼仪是保证会议突出主题、符合要求、遵循程序,达到会议目的的成功条件。讲究会议礼仪,是检验会议质量的标准之一,是确保会议成功的金钥匙。

今天,礼仪的重要作用在社会生活的各个领域中日益显现出来。例如,对从事领导工作的人而言,礼仪更是应知应会的素质能力之一。一方面,讲究礼仪有助于塑造良好的领导形象。在领导工作中,无论是平时工作,还是召开会议、主持讲话,领导者的仪表、装束、言谈、举止,都是直接影响人们的第一印象。而另一方面,领导者整洁大方的衣着、得体的举止、高雅的气质、良好的精神面貌和真诚动人的谈吐,都会与领导能力、领导水平、领导权威、领导魅力结合起来,都会给组织成员与广大群众留下深刻的印象,从而促进领导工作的有效开展。由此可见,领导工作讲究礼仪不仅起着有益的作用,而且对于领导者表达感情、增进了解、树立形象、提高工作效率都是十分必要的。

我们每天都从媒体中看到大量的会议报道，也经常参与一些会议。领导工作往往通过会议来议事、沟通、交流、决策、部署、传达、宣传，可以说会议是领导工作不可缺少的活动方式。

会议是有组织、有目的地召集人们商议事情、沟通信息、表达意愿的行为过程。"会"有聚会、见面等意思，"议"是议论、商议的意思，因此"会议"应包含聚会并商议这两层基本意思。召开会议可以集思广益、沟通信息，也可以提高员工的积极性和凝聚力，从而有效地推动单位工作的开展。

会议是一个组织存在的表现形式之一。如果一个政府部门、企业或社会组织，从不举行会议，或者长时间没有会议召开，不但组织的向心力会大大减弱，而且组织本身也失去了表现自身存在的机会。没有不开会的组织或部门，一个组织或部门不召开会议，它的存在价值就会受到质疑。因此，会议能够充分显示一个组织的存在价值。

会议礼仪，是会议组织过程中所应遵守的行为规范。"没有规矩，不成方圆。"任何会议，要达到预期的目的，就要讲规则，讲程序，有组织，有管理。否则会议就成了聊天，会场就成了茶馆，会议组织者就成了娱乐节目主持人。这就需要讲究会议礼仪。

礼仪是一种典型的文化现象。在学习会议礼仪过程中，必然要涉及广泛的文化知识；而这种学习也势必会对会议组织者的心理及行为产生潜移默化的影响。经常组织或参加会议的领导者，如果自觉地学习会议礼仪，实践会议礼仪，那么就必然促进自身素质能力的提高与文化修养的全面增强。而在这种提高和增强中，会议的组织与管理将更有序、更有效。

只有懂得会议礼仪，恰当运用会议礼仪，才能组织好一次又一次高效的会议。会议礼仪作为一把特殊的钥匙，能够帮助会议组织者轻松地打开会议成功的大门。

第一章
会议礼仪的总体要求

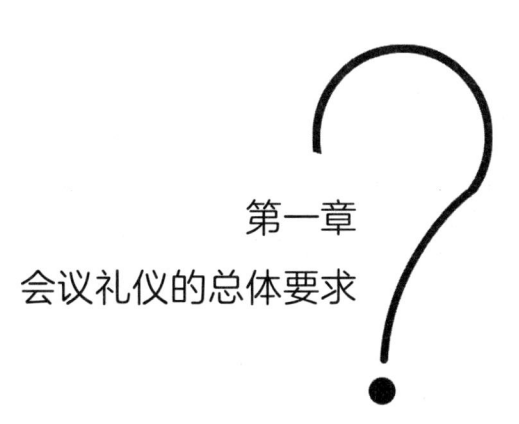

01 现代会议有哪些类型？ —— 003

02 不同类型的会议，有没有共通的礼仪规范？ —— 006

03 会议礼仪如何体现领导的管理艺术？ —— 008

04 会议礼仪重点体现在会议的哪些环节上？ —— 010

05 学习会议礼仪有什么途径和方法吗？ —— 013

目录

第二章
会议筹备阶段的礼仪

06 策划会议前需要做哪些准备工作？ —— 017

07 会议策划需涵盖哪些内容？ —— 019

08 如何制定会议进程时间表？ —— 022

09 会议预算包括哪些方面？ —— 025

10 会议经费主要花在哪？ —— 027

11 有哪些渠道可以筹集会议经费？ —— 029

12 如何「少花钱，开好会」？ —— 031

第三章
会前准备工作的礼仪

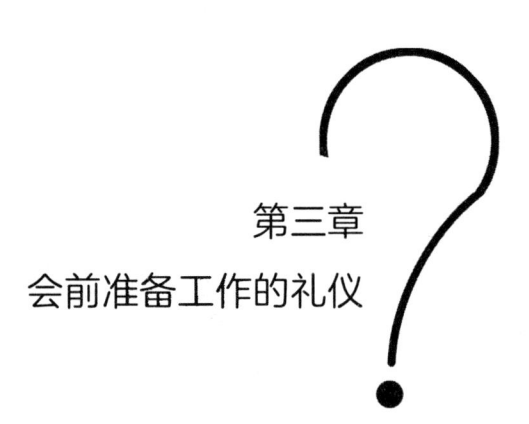

13 会议议程、会议日程、会议程序有什么区别？ —— 035

14 安排好会议议程有哪些基本要求？ —— 036

15 如何安排会议议程的先后顺序？ —— 038

16 常规的会议议程有哪些流程？ —— 040

17 如何拟写会议议程？ —— 042

18 邀请会议嘉宾与媒体需要注意哪些礼仪？ —— 043

19 接待出席会议人员应注意哪些礼仪？ —— 045

20 常规会议需要准备哪些重要文件？ —— 048

21 对会议文件的审核、装订与备份有哪些要求？ —— 053

22 会议文书有哪些撰写礼仪？ —— 055

目录

第四章
会议前期的服务工作礼仪

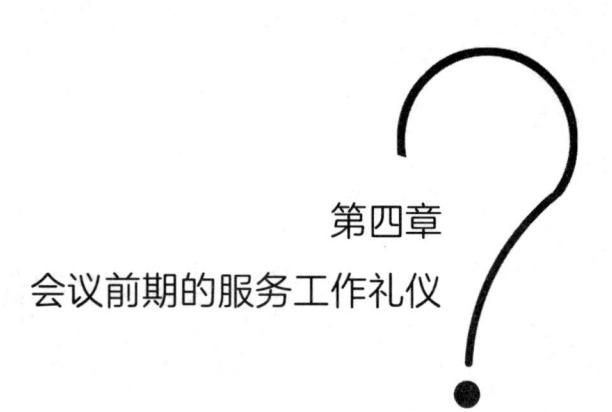

23 会场布置有哪些排列布局的方式？ —— 061

24 如何安排会场的座位、座次？ —— 064

25 会议场地的装饰需要考虑哪些因素？ —— 067

26 会标、桌签、座签有哪些制作要求？ —— 070

27 会场可以使用哪些视听设备？ —— 072

28 会议开始前，应对哪些设备、用品进行检查？ —— 074

29 会场的选择还需考虑哪些因素？ —— 076

30 如何做好会议接待服务？ —— 078

31 参会者到达后，需要服务人员做哪些工作？ —— 081

目录

04

第五章
会议进行中的礼仪

32 会议开幕式有哪些程序？——085

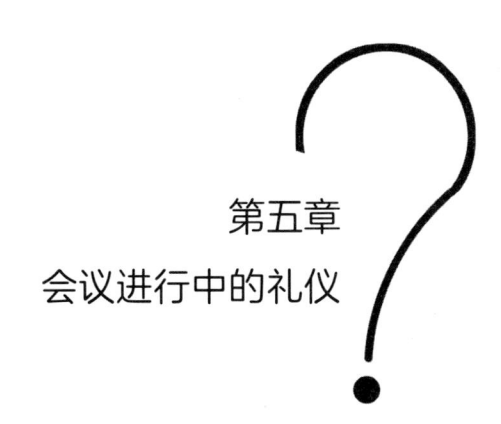

33 会议开幕式有哪些主持礼仪？——087

34 在开幕式上致辞有哪些礼仪？——088

35 在开幕式上合影有哪些礼仪？——090

36 担任会议主持人有哪些要求？——091

37 如何撰写会议主持词？——094

38 会议主持人如何掌握议程进度，控制会议时间？——097

39 会议主持人如何巧妙提问？——099

40 会议中突然冷场怎么办？——101

41 会议讨论中偏离了会议主题怎么办？——103

42 会议中发生争执与分歧如何化解？——105

目录

05

目录

43 主持人如何做好会议总结？———— 108

44 领导者在会议上讲话如何拥有一个精彩的开场白？———— 110

45 在会议上讲话如何做到言之有物？———— 112

46 如何使会议结束语精悍有力？———— 115

47 与会者参加会议前需做哪些准备工作？———— 117

48 参会者在会议中需注意哪些礼仪细节？———— 119

49 如何做好会议记录？———— 121

50 作为参会者，如何在会议上恰当地发言？———— 123

51 会议发言时，如何清晰地表达自己的观点？———— 125

52 参与会议讨论时应注意哪些礼仪规范？———— 127

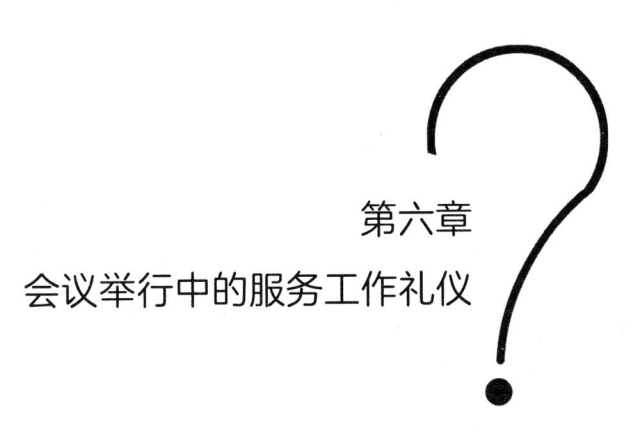

第六章
会议举行中的服务工作礼仪

- 如何安排会议用车？ —— 131
- 如何配置会议用车的相关人员？ —— 133
- 会议用车的停放有哪些礼仪规范？ —— 134
- 安排会议住宿有哪些基本要求？ —— 136
- 选择会议住宿地点需要考虑哪些因素？ —— 137
- 预定会议住宿房间有哪些注意事项？ —— 140
- 与会议住宿酒店签订合同有哪些注意事项？ —— 142
- 分配会议房间应注意哪些礼仪？ —— 145
- 作为会务工作人员，应该如何着装？ —— 146
- 会议中如何引导与会人员入座与发放会议材料？ —— 148
- 如何做好会议期间的信息服务？ —— 150

目录

64 会上提供茶水服务应注意哪些礼仪细节？ … 151
65 续水需注意哪些礼仪细节？ … 153
66 会议中如何提供茶歇服务？ … 154
67 主办大型会议还需要考虑哪些因素？ … 156
68 会议上出现突发事件如何处理？ … 157
69 会议记录有哪些规范要求？ … 158
70 会议记录人员应具备哪些素质？ … 162
71 做会议记录有哪些小技巧？ … 164
72 接待前来采访的新闻媒体有哪些工作程序？ … 166
73 接待新闻媒体有哪些礼仪要求？ … 168
74 会议用餐需注重哪些礼仪？ … 170
75 会议用餐有哪些执行标准？ … 172

第七章
会议后期的工作礼仪

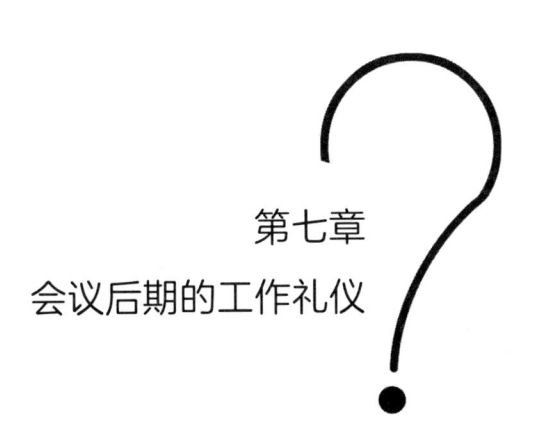

76 收集整理会议资料有哪些要求？ —— 177
77 整理会议资料有哪些技巧与方法？ —— 179
78 如何做好会议立卷归档？ —— 181
79 会议文件立卷的工作程序是怎么样的？ —— 184
80 编发会议纪要有哪些规范要求？ —— 187
81 会议结束后还有哪些服务工作礼仪不能忽视？ —— 192
82 清理会场有哪些环节值得注意？ —— 195
83 做好会议总结有哪些规范要求？ —— 198
84 会议总结如何撰写？ —— 200
85 会议总结还有哪些细节需要注意？ —— 202
86 如何完善会后评估体系？ —— 204
87 会议评估的一般流程是怎样的？ —— 206

目录

09

第八章
"非常规"会议的礼仪

88 有哪些非常规的会议类型？ —— 211

89 邀请新闻记者出席新闻发布会应注重哪些礼仪规范？ —— 214

90 新闻发布会上，主持人和发言人如何默契配合？ —— 217

91 新闻发布会举行后，出现不利报道，该如何对待？ —— 220

92 举办表彰大会有哪些常规的流程？ —— 222

93 营造表彰大会热烈的气氛有哪些方法？ —— 223

94 在座谈会中，主持人如何发挥重要作用？ —— 224

95 面对不同类型的与会者，主持人该如何积极应对？ —— 227

96 在茶话会上，准备茶点有哪些讲究？ —— 230

97 展览会有哪些类型？ —— 232

98 举办展览会的时间与场地选择需要注意哪些因素？ —— 235

99 筹备学术研讨会，需注意哪些礼仪细节？ —— 237

100 如何做好学术研讨会的服务工作？ —— 239

目录

10

第一章 会议礼仪的总体要求

01

现代会议有哪些类型？

在现代社会里，会议是人们从事各类有组织的活动的一种重要方式。在一般情况下，会议是指有领导、有组织地使人们聚集在一起，对某些议题进行商议或讨论的集会。

由于各种会议发挥着不同的作用，因此便有着多种类型的划分。会议大致可以分为如下几种类型。

◇ 根据会议的出席人数划分

①小型会议。出席人数较少，几人到几十人不等，但是一般不会超过100人。

②中型会议。出席人数在 100～1000 人之间。

③大型会议。出席人数在 1000～10000 人之间。

④特大型会议。出席人数在 10000 人以上。

◇ 根据会议的内容划分

①年会。年会是就某一特定主题展开讨论的聚会，议题涉及政治、经贸、科学、教育或技术领域。最常见的周期是一年一次。

②专业会议。专业会议的议题通常是就某一具体问题展开讨论的，可

以召开分会，也可以只开大会。

③代表会议。代表会议指由代表某一利益群体的与会者参加的会议。

④报告会。一般由演讲者做专题报告，并有许多的听众参与。

⑤座谈会、专题讨论会。座谈会和专题讨论会比论坛要更加正式和严谨一些，由主持人或演讲人进行陈述讲演，由一些预订好的听众参加。与论坛相比，与会者在座谈会和专题讨论会中，平等交换意见的气氛和特征要弱一些。

⑥讲座。讲座更正式和更有组织，常由几位专家进行个别讲演，讲座的规模可大可小，听众在讲座后可以提问，有时主办方也会不安排听众提问。

⑦研讨会、专家讨论会、讨论会。通常在主持人的主持下进行，与会者参与较多，可以平等交换意见、分享知识和经验。一般在相对范围内进行，规模较小；当规模变大时，就演变成论坛或专题讨论会了。

⑧培训会议。用一个会期对某类专业人员进行的有关业务知识方面的技能训练或新观念、新知识方面的理论培训，可采用讲座、讨论、演示等形式进行，一般至少要用一天的时间，多则几周。

⑨奖励会议。企业或公司为表彰、奖励工作出色的员工、分销商或客户而举行的会议。

⑩其他会议。如茶话会、晚餐会及一些歌舞晚会等，这样的会议应注意选择适宜的环境和场所。

◇ 根据会议的性质划分

①行政型会议。行政型会议是各个单位所召开的工作性、执行性的会议。例如，行政会、董事会，等等。

②业务型会议。业务型会议是有关单位所召开的专业性、技术性会议。例如，展览会、供货会，等等。

③群体型会议。群体型会议是各单位内部的群众团体或群众组织所召开的非行政性、非业务性的会议，旨在争取群体权利，反映群体意愿。例如，职代会、团代会，等等。

02

不同类型的会议，
有没有共通的礼仪规范？

领导者在日常工作中所必不可少的一件事情，就是要组织会议或者参加会议，因此会议自然而然地成为领导活动的有机组成部分之一。会议在领导工作中发挥着极其重要的作用：既是实现决策民主化、科学化的必要程序，又是实施有效领导、有效管理、有效经营的重要方式；既是贯彻决策、下达任务、沟通信息、协调行动的有效方法，又是联系群众、听取民意、树立形象的基本途径。

严格地讲，不同类型的会议，其礼仪规范标准也不尽相同。在这方面的基本要求主要有三点：

其一，组织会议要有标准，依程序，讲规范，明措施，这是会议礼仪的首要要求。

其二，组织会议要认真负责。无论是自己主办，还是奉命办会，都要全力投入，审慎对待，精心安排，保障措施到位，礼仪规范处处一丝不苟。

其三，举办会议要坚持求真务实。召开会议，重在解决实际问题。在这一前提下，要争取少开会、开短会，严格控制会议的数量与规模，彻底改善会风。

这三点要求既是会议礼仪的总要求，也是领导者召开各会议取得成功的必要条件。

会议组织者和会务人员必须具备高度的会议礼仪意识，只有以标准和到位的礼仪规范保证会议的有序进行，才能把会议的组织工作做好，真正达到会议的目的。

作为会议组织者或会务人员，必须要熟悉会议礼仪的基本要求。在会议组织和会务管理过程中，往往由于会议礼仪的要求被忽略，而影响整个会议的成效。同时对会议的分类也应加以注意，因为不同的会议其组织方式和礼仪要求也各有不同。

03

会议礼仪如何体现领导的管理艺术？

会议是领导工作的常用形式，领导者在针对不同对象的各种管理程序中，在计划、组织、指挥、协调、控制的各个方面，都必须依赖会议来辅助实现其管理功效。

计划——必须通过开会，来集思广益，形成最优化的计划；

组织——必须通过开会，来明确机构的职、权、利关系；

指挥——必须通过开会，才能进行具体的任务布置；

协调——必须通过开会，才能弥合分歧，纠正偏差；

控制——也必须通过开会，才能全面、系统地贯彻。

领导的其他职能，也经常需要通过会议才能完成。因此，会议礼仪在领导工作中的作用是非常大的。

但是，令人惊讶的是：很少有领导者专门花功夫来学习和运用如何开好会议的礼仪规范，以提升开会效率，以及培养下属的开会艺术。这使得在现实的领导工作中许多会议形存实亡，浪费了组织的宝贵资源和时间。

就领导者而言，掌握正确而到位的会议礼仪，既是开好会议的重要技巧，也是做好领导管理工作的基本功。随着组织成员人数的增长，在领导工作内容中，通过开会来提升管理效率的比重越来越大。

会议是各级领导者实施领导工作的一种重要方法，它是一种有组织有目的地把组织成员聚集起来一起商讨问题解决问题的活动方式。会议可以集思广益，丰富领导经验，提高决案水平，贯彻群众路线，它是实现民主管理和科学决策的必要途径之一。会议还是沟通信息、协调关系的重要手段。但是如果滥开会议，会海成灾，其结果则是劳民、误事、伤财。尤其是会议程序混乱，讲话太长，内容重复，服务欠佳，既是形式主义、官僚主义的会风，也是不遵守会议礼仪的表现。因此，提高会议的效率，重视会议的质量，是领导者学习与掌握会议礼仪规范的出发点和归宿。

作为领导者，要使自己成为一位懂礼仪、会方法、有技巧的会议筹划者和组织者，这是提升会议质量、改进管理绩效的必要条件。由于会议是领导者日常工作中一项运用非常广泛的活动，会议礼仪就体现了领导的管理艺术。因此，学习和运用会议礼仪，对会议管理乃至领导工作都具有非常现实的意义。

在会议礼仪日益得到重视的今天，人们有理由这样认为：不知会议礼仪就不懂开会，而不懂开会的领导者，决不会是一个称职的领导者。

04

会议礼仪重点体现在会议的哪些环节上？

按会议的进程和重点来说，会议礼仪要求重点体现在这三个环节上。

◇ **会议准备：精心策划，细节到位**

会议策划就是为了使会议取得预期目的而进行构思、设计，选择出合理可靠的方案的过程。出色的会议策划是圆满举办会议的前提。完整的会议策划是一个节奏分明、条理清楚、面面俱到的周全计划。只有通过专业策划和充分准备的会议才能取得预期效果，所以，会议策划一定要考虑周全。主要包括以下内容：

会议人员，是指参与整个会议过程的人员，可具体分为会议主体、会议客体以及其他与会议有关的人员。

会议的名称，要求能概括并能显示会议的内容、性质、参加对象、主办单位，以及会议的时间、届次、地点、范围和规模等，应视会议的具体要求而定。

会议的议题，是根据会议目标来确定并付诸会议讨论或解决的具体问题，是会议活动的必备要素。

会议时间，是指会议的召开时间和会期。

会议地点，指会议的举办地，也可具体指会议活动的场所。

会议方式,即为提高会议效率,实现会议目标而采取的各种形式或手段,如现场办公会、座谈会、报告会、电话会等。

会议结果,即会议结束时实现目标的情况。组织举办任何会议,都要在完成策划准备后,报上级审批。这是会议礼仪中一个重要的规范内容。

实践证明,建立会议审批制,使办会程序化、规范化,的确是个精简会议的好办法。

会议审批一般由各级党政主要领导或分管党政日常工作的领导负总责。会议审批的各项具体工作由各级党政办公部门承担,或彼此商定由一家归口承担。同时,会议审批要确立会议审批标准,做到合理、公正。并且要对会议涉及的各个事项作出限制性规定,以避免和防止会议举办的随意性和出现浪费现象。

◇ 会议议题:坚持原则,规范程序

会议组织与管理首先面临的问题,是议题的确定,这个问题解决不好,则无会议现场管理可言。

议题的确定要注意两点:准确抉择议题角度,坚持议题确定程序。总的来讲,会议议题必须具有较好的前瞻性、较强的百姓关切度、较大的现实工作推动力及科学的领导决策分工。根据会议礼仪的要求,议题的具体确定应本着"三少三多"的原则。一是报喜议题宜少,反思议题宜多;二是务虚性议题宜少,实用性议题宜多;三是未来式议题宜少,进行式议题宜多。确定议题一个关键的要求是坚持议题确定程序。议题确定应讲究程序,建立由程序控制的,具有民主化、科学化和透明度的议题选择机制,这是提高议题质量进而提高会议质量,规避临时动议造成决策失误和防止被人利用会议权威实现个人目的的重要手段。

◇ **会议服务：标准规范，文明有礼**

　　为了使会议开得富有成效，为远道而来的与会者提供便利和舒适，会议过程中就需要全面、细致的各方面服务，这些都属于会议礼仪的服务内容要求。

　　会议服务为会议的顺利进行提供了一系列关于会场内、会场外的管理和服务，是保证会议顺利进行不可缺少的环节。从事会议组织与管理的人员都要熟悉会议流程，并经过专业的培训，具有较强的专业技术和服务技能。会议组织和服务包罗万象，会议服务主要包括会议文书服务、会议环境服务、会议接待服务、会议礼仪服务、会议信息服务、会议生活服务、会议保障服务等内容。会议是为实现现实工作需要的目的而召开的，会务工作就是要通过安全、有序、优质的组织和服务，来确保会议的成功召开，组织与服务的好坏会直接影响会议的成效。

　　会议进行的状态、组织与服务的质量都是展示会议主办方形象的窗口。会议主办方通过文明有礼、负责到位的服务工作，会给与会者留下良好的印象，无形中为会议主办方赢得良好的信誉。

05

学习会议礼仪有什么途径和方法吗？

掌握和运用会议礼仪，既是个学习的过程，也是个实践的过程。作为领导者，要在日常工作中对会议礼仪运用自如，应当在学习途径、学习方法和学习重点这三个方面多下功夫。

◇ **会议礼仪的学习途径**

一是进行理论学习。即利用图书资料、影像资料、教学函授，系统地、全面地学习礼仪。

二是向社会实践学习。实践是检验真理的唯一标准，同时也是学习会议礼仪最好的教师。每一次组织会议的活动都可以作为学习礼仪的一个具体实践过程。通过不断总结经验，可以加深对会议礼仪知识的了解，强化印象，而且还会检验其作用，并且提升掌握、运用会议礼仪的实际水平。

三是向专家学习。可以是培训专家、礼仪顾问，也可以是在某些方面确有经验或专长者、堪称楷模之人。他们对会议礼仪有一定的了解，一定的实践经验和心得体会。向他们学习，可使自己取长补短，益智开窍。

◇ **会议礼仪的学习方法**

其一，要联系实际。礼仪本身就是一门应用科学，因此学习会议礼仪，务必要坚持知和行的统一。要注重实践，将知识运用于实践，不断地在实践中学习。这是学习会议礼仪的最佳方法。

其二，要重复渐进。学习会议礼仪不可贪多务得，细大不捐，而应当有主有次，抓住重点。从会议组织过程最关键的环节入手，可以事半功倍。然而必须注意，学习会议礼仪是一个渐进的过程。对一些规范、要求，只有反复运用、重复体验，才能真正掌握。

其三，要善于总结。学习会议礼仪，应经常结合实际进行总结，对工作既要总结成绩，又要通过检查发现问题。这样，将有助于将学习、运用礼仪真正变为个人的自觉行动和习惯做法。

学习会议礼仪需要抓住重点。会议礼仪的重点，就是那些对会议活动具有普遍指导意义的各项主要原则。会议礼仪的主要原则可以高度凝练，举一反三，适用范围甚广。悉心掌握，会使会议礼仪的学习、运用大获裨益。

第二章

会议筹备阶段的礼仪

06

策划会议前需要做哪些准备工作？

凡事预则立，不预则废。召开会议也是如此。任何类型的会议，前期的筹备工作都是决定会议成败的关键因素之一。所以，会议的安排要环环相扣。会议服务的细节要到位，会议经费要精打细算，要做到这些，会议策划就显得尤为重要。

会议策划是依据会议的目的，借助科学的方法和手段，对会议活动的总体战略以及会议活动的进程进行总体构思的前瞻性活动。会议策划是整个会议组织管理的最初环节。好的会议策划，一方面需要会议方案在设计、构思上有新意、有创意；另一方面，需要策划者对具体的执行方案有深入的思考，策划方案必须具有可行性，对达到会议目的有作用。

真正举办好一个会议，从策划到具体操作并落实每一个细节，其过程是相当辛苦和复杂的。如果是在主办单位所在地举办会议，那么可能操作起来会比较顺利；如果是在外地举办，那么会议操作的难度就会提高，因为有很多因素是事先无法预料和控制的。

会议策划的前期准备工作主要包括收集信息和确定会议策划者。

会议有各种类型，不同的会议需要不同的环境，召开会议是要达到一定的目的和目标。因此，第一个重要步骤是收集信息，通过收集信息制定出会议计划。

同时，要确定会议策划者。在一个单位或组织里，从高层领导者、部门负责人到秘书，每个人多多少少都可能会参与会议的筹划，只不过有的是专门负责从事这项工作，有的是兼任此职。如果要举行具有重大意义的大型会议，也可能会请专业的会议策划公司来"量身定做"。无论是专职还是兼职，是内部策划还是请专业公司策划，其最终结果是要使会议顺利完成。由于会议策划者的工作效率代表着主办单位或公司的工作水平，因此，要尽量选择精干而有丰富经验的人员担当。

07

会议策划需涵盖哪些内容？

会议策划有诸多内容，可以归纳为"五个 W，一个 H、B、O"。要使会议成功，就必须使这些因素相互协调，彼此照应。

◇ "Why"——"为什么"开会，会议目标是什么

会议是一种目的性很强的群体社会交往活动，会议的目标决定了会议策划的其他很多环节。只有确定了会议的目标，才可以确定哪些人参加会议，相应地才可以确定会议地点、会议议程和会议预算等。

◇ "Who"——"谁"来参加会议，主办方希望哪些人来参加

对于主办方和承办方来说，通常在策划会议的时候首先要确定会议目标，然后就要确定与会者。除与会议目标、会议内容直接相关的与会者以外，还需要根据会议内容考虑是否邀请不同类型的贵宾，如政府官员、行业主管或中外专家学者等。这些人员的参加有助于提升会议的级别和层次，但同时也要注意不要随意提高会议的层次。

◇ "What"——"什么"类型的会议

根据要达到的目标来选择恰当的会议形式是非常重要的，应根据会议

目标、受众范围来选择相应的会议方式。如就某一个问题展开讨论，人数较少，就可以采取座谈会形式；如果要宣传教育、奖励表彰，就可以采取较大型的报告会形式。

◇ "When"——"什么时候"举行会议

检查一下相关的日程表，看看时间上是否与其他活动有冲突。要确保会议的主持人或单位的主要领导人及被邀请的领导人、贵宾，和多数被邀请的与会者有时间前来参加会议。需要注意的是，在主要领导人出差当天或返回的当天最好不要召开会议，紧急会议除外。

◇ "Where"——在"什么地方"开会

应该根据会议的级别和需要，选择合适的会议举办地；也可以根据会议对周边环境的要求，确定具体举办地点；或者根据会议的具体情况，确定是否选择分会场。在会议策划中一般还要进行会场预约。会务人员在确定会议地点之后，要及时告知与会者或准确标明会议具体地点。

◇ "How"——会议将"怎么"进行

当会议的议题、名称等确定之后，就要对会议的议程进行策划。一般来讲，不同形式的会议，它的议程不一样，要根据具体会议而定。比如工作研讨会的大致议程包括：会议主持人开场白，介绍会议的指导思想和基本目的；主要领导发言；与会者自由发言、讨论问题等。而一些大型会议的会议议程通常是：开幕式，致欢迎词；主要领导讲话或特邀嘉宾演讲；闭幕式。

◇ "Budget"——会议预算的策划

通常而言，会议成本预算包括以下两个部分。

①显性成本。显性成本是指会议明显的耗费，如与会者的交通费、会议场所和视听设备的租借费用、住宿费、餐饮费、会务人员的费用、杂费等。这些费用是直接可见的，也是可以直接计算出来的。

②隐性成本。隐性成本是指与会者因参加会议而损失的劳动价值，一般是不为人所关注的成本。

◇ "Others"——会务工作的策划

一般来说，在会前要成立会议筹备组，具体处理会务工作。会务工作主要分会前准备工作、会议期间的协调服务工作以及会后的收尾工作。

08

如何制定会议进程时间表？

会议策划的内容确定后，接下来的工作就是制定详细可行的会议筹备进程时间表。它是会议策划者对会议的整个过程进行精心的研究和计划后而制定出来的。严格遵守会议进程时间表是保证会议圆满举行的重要保障。

会议进程时间表一般包含以下内容。

◇ **预订客房与会议室**

会前3周（会前15～21天）进行考察；会前一周（会前7～10天）确定客房与会议室。

◇ **确定会务组**

会前1周（会前4~10天）确定会务组。

◇ **召开会务组动员会**

会前4～6天，需要召开会务组动员会，此时应注意：各人任务分工要明确，讨论并多听取建议，会务组成员每人都有一份包含会务组其他工作人员名单、联系电话等内容的通讯录，以便随时取得联系；要制订一份每日工作安排表（以时间为序，包括事务、负责人等），发到每个会务组成员手中，使每天的工作一目了然。

◇ **了解与会者的情况**

对与会者情况的了解应在会前 4 ~ 15 天进行。

◇ **确定就餐的酒店**

酒店初选应在会前 4 ~ 8 天进行；酒店确定应在会前 2 ~ 5 天进行。

◇ **预约摄影师**

会议如果有安排录像的话，摄影师的预约应在会前 2 ~ 7 天进行。

◇ **准备会议日程表和会议须知**

会议日程表和会议须知的准备应在会前 1 ~ 2 天进行。

◇ **会场设计与布置**

会场设计一般在会前 5 ~ 7 天进行；会场布置在会前 1 天完成即可。准备会议条幅、参会证、指引牌、人名牌、会议礼品、资料、记录本、矿泉水等这些相关物品，会议接待处、会议通知等。

◇ **设会务组现场办公室**

这在会前 1~2 天完成。

◇ **接站**

接站一般安排在会前 1 天。根据接站表统一安排，特殊的与会者要特殊对待。

接站注意事项有如下几点：

①在火车站、飞机场、汽车站，由司机开车接站或由会务接待组人员接站；重要的宾客由领导亲自接站。

②在宾馆，由财务人员收费（如果需要收费的话）。

③在宾馆由工作人员安排房间、发房卡。

④由接待人员负责接待、签到、发放礼品和资料。

⑤宾馆入住引导由宾馆服务员来做或由接站人员兼任。

◇ **票务**

会议结束前1天完成。票务方面的注意事项有以下两点。

票务工作要在"会议须知"中体现，让来宾及早订票。

如果订飞机票，可考虑直接找票务中心的人来负责订票，节省人力和时间。

◇ **会议通信录和合影照的准备**

此项工作从会议开始一直延续至会议结束。

◇ **送站**

会议进行过程中可能有与会者要提前离会，因此送站工作需随时进行，应安排专人负责。

◇ **总结报告**

会议结束后3日内应做出会议总结。

09

会议预算包括哪些方面？

会议预算要严格控制在定额标准之内。要确定会议开支数额的大小，具体可分为以下几个层次。

首先，各部门根据预算期间的总目标和具体目标，以零为基础，详细讨论预算期内需要发生哪些费用，并明确各项费用的数额。

其次，将各部门提出的项目费用分为必须全额保证的费用和可适当增减的费用。对可适当增减的项目按轻重缓急，排出先后顺序。

最后，拟定资金分配预算表。根据上面所定的费用开支层次和顺序，拟定资金分配预算表。

会议经费预算也如所有的公务开支预算一样，都需要列出成本会议开支清单。无论到会的人数多少，这些开支都应当包括在预算中。会议开支可分为三项，一项是固定开支，一项是可变开支，还有一项是应急开支。

◇ **会议的固定支出**

虽然固定支出在相当大的程度上取决于举办方与会场之间的合同，但总的来说，会议的固定开支大约为会议总开支的35%左右。一些重要的会议的固定开支覆盖面较大，应当精打细算，杜绝会议开支浪费。

◇ **会议的可变支出**

会议的可变支出指的是与出席会议人员数多少相关的费用开支。通常，可变开支是会议组织预算中又一重要的构成部分，如果组织者不希望预算失控的话，就应该仔细核实可变支出的内容。

假如会议的与会人数从一开始就和预计人数有较大的出入的话，那么，就需要制订一个可变的总预算范围。

◇ **会议的应急支出**

会议在进行过程中，可能会发生一些意外情况，为此，必须在预算会议经费时，计划好会议的应急支出。会议的应急支出一般占可变支出的10%。此外，如果会议在国外进行的话，还应留出一部分资金以应付货币汇率变化。

无论是固定支出、可变支出还是应急支出，会议组织者都需要列出费用明细，并尽可能把可变因素都考虑进去。这样当会议举办时，才不至于因计划不周而加大经费投入，甚至影响整个会议的进行。

10

会议经费主要花在哪？

召开会议之前，应根据会议的内容、规模，确定会议支出明细项目，如实填写、上报。常见的会议支出内容包括以下几个方面。

◇ **会议室费用**

会议室费用包括会议场地租金、会议设施租赁费用、会议布置费用及其他支持费用。

◇ **住宿费**

正常的住宿费除与酒店星级标准、房型等因素有关外，还与客房内开放的服务项目有关，譬如客房内的长途通信、互联网、免费自助早餐提供等。

◇ **餐饮费**

餐饮费包括早餐、午餐、晚餐，特殊情况下还包括夜宵、咖啡、茶水等。此外，个别餐馆可能会收取一定数量的服务费用。

◇ **交通费**

交通费通常包括以下几个方面：①出发地至会务地的交通费用；②会

议期间交通费用，主要是会务地交通费用，包括住宿地至会议场所的交通费用、会议场所到餐饮地点的交通费用；③返程交通费，包括住宿地至机场、车站、港口往返程交通费用。

◇ **文娱、游览、参观费用**

文娱、游览、参观费用，包括门票、乘车、保险等相关费用。

◇ **设备租赁费**

设备租赁费包括投影仪或放映机等设备的租赁费用，一般以天为单位计算。

◇ **宣传费**

宣传费包括平面广告、电视广告、网页的制作、传播费用。

◇ **预计外支出**

预计外支出是指会议过程中一些临时性安排产生的费用，包括：礼仪、司仪、勤杂、临时采购、临时司乘、向导、打印、纪念品、临时道具、传真及其他通信、快递服务、临时保健、翻译、临时商务、汇兑、会议过程中的酒水等。

11

有哪些渠道可以筹集会议经费？

会议的性质、类型不同，经费来源的渠道也不同。有的会议经费渠道虽然单一，却有保障，有的则需要组织者多方筹集。

一般说来，会议经费的筹集有以下几种渠道和办法。

◇ **行政事业经费划拨**

党、政府、人大、政协等机关以及其他事业单位召开的会议一般从行政事业经费中开支。

◇ **主办者分担**

如果会议由几个单位共同发起并共同主办，可通过协商分担经费。

◇ **与会者分担**

个人费用即与会者参加会议的交通费、食宿费、补贴等费用，由与会者个人或其所在的单位承担。

◇ **社会赞助**

通过有效的会议公关，从社会各界获得资金赞助。

◇ **转让无形资产使用权**

　　一些大型的会议活动由于意义重大，影响深远，本身就是一种巨大的无形资产，如会议的名称、会徽、吉祥物等，具有很高的潜在价值。充分利用会议本身的无形资产，使其转化为合法的有偿转让行为，不仅使商家因获得这种无形资产而受益，而且还可以为会议活动筹到可观的资金。

12

如何"少花钱,开好会"?

要想少花钱开好会,会议组织者就要在预算范围内有效控制费用。

◇ **制定会议节约目标**

会议节约目标必须与会议组织者预期制定的目标相一致。

很多时候,会议节约目标是信誉目标而不是节省目标。如年终庆祝大会可能是为了增强本部门、本单位在组织成员心目中的良好信誉和感谢他们在这一年创造了良好佳绩。该活动的开支最有可能全部由某个部门来负担,根本不是期望从中赚钱。而在另一些时候,会议的核心节约目标是为了赢利。如面向公众的培训班和展览会,必须赚到钱。

◇ **会议预算控制**

大致说来,当主办者开始对会议进行计划时,可能要监管40余项支出。通过把这些支出分为不变、可变和意外支出,可以尽早对预算实行控制。这样做对组织重要会议更为重要,因为会议开幕前,会议的准备费用是有风险的。若能尽早控制预算并且知道在准备过程中组织者在会议支出方面的职责,就能做出明智的判断,即如何合理控制和减少会议开支。

◇ **会议支出控制**

　　预算主要是对收入和支出的计划，但是在实际操作中，任何一笔支出都需要得到负责人员的许可。这个负责人员最好是会议主办者，否则主办者就会在支出方面没有丝毫责任。

　　当然，会议承办者要在预算范围内行事，但是预算也有一定的灵活性。为了扩展这种可能性，预算中比较灵活的项目应该有书面的说明。例如，会议承办者是否有权将一个项目的预算转移到另一个项目上，通常的做法是允许组织者自主决定10%（也可以是其他比例）的预算转移。

　　许多会议筹划人员都不喜欢从事会议节约方面的工作，但是这项工作是非常关键的。实际上，节约会议开支才能更好地保证整个会议的成功。

第三章

会前准备工作的礼仪

13

会议议程、会议日程、会议程序有什么区别？

会议议程是为使会议顺利召开所做的内容和程序安排，是会议需要遵循的程序。它包括两层含义，一是指会议的议事程序，二是指列入会议的各项议题。会议议程是整个会议议题性活动顺序的总体安排，不包括会议期间的仪式性、辅助性的活动。

会议日程是将各项会议活动（包括仪式性、辅助性活动）落实到单位时间，凡会期满1天（即两个单位时间）的会议都应当制定会议日程。

会议程序是一次单元性会议活动或单独的仪式性活动的详细顺序和步骤。

在使用上，会议议程和会议日程都是有关会议的时间的安排，都是在会前发给与会者的；但会议议程只是会议进行中各项内容先后顺序的安排，会议日程包括除会上内容外其他如报到、食宿、娱乐、交通等的时间安排。会议议程的内容通常包括在会议日程的内容中，小型会议可以只有会议议程而没有会议日程。会议程序只供领导主持会议时参考，不发给其他与会者。

14

安排好会议议程有哪些基本要求？

会议的议程应当表明需要讨论的事项顺序。对议题的安排应认真考虑，以保证最好的逻辑顺序。安排好会议议程的基本要求有如下几个方面。

◇ **要按照议题的轻重缓急编排出来会议的议程**

这就是说紧要的事项应排在议程的前端，不紧要的事项则应排在议程的后端。这样做的好处是：如果在预定的会议时间内无法将全部议案处理完毕，但起码较紧要的议题已被处理过。那些较不紧要的议题则可另择时间处理，或是并入下次会议中再予以处理。

◇ **明确每一个议题所需的时间并标示出来**

排定会议议程的一个重要要求，是根据会议议题确定议程顺序和时间安排。当会议涉及多项议题时，会议组织者或主持人应掌握每个议题可能需要的时间进度，并明确标示出来，以免出现各个议题讨论时间不平衡，或者出现延误时间、打破议程的问题。当然，组织者或主持人也要根据会议的实际进展和议题讨论的情况，灵活做出调整，以尽量保证会议按议程有序进行。

◇ **事先通知与会者，以使其做好准备**

为让与会者对会议及早做准备——包括心理准备及物质准备，议程一定要随会议通知事先发给与会者。虽然并非所有会议都需要正式的议程，但是与会者至少应当事前有所了解，以便做好准备。议程是受到尊重还是被忽视，这与会议组织者对它的利用程度是成正比的。

15

如何安排会议议程的先后顺序？

根据会议的性质和议题的具体情况，议程顺序的安排可以分别采取下列方法。

◇ **先主后次**

如果次要的议题数量较多且需要花较多的时间讨论研究，或会议时间有限可采取先主后次的方法，即会议一开始先讨论研究主要议题，以保证开会时与会者头脑清醒，精力充沛，同时也确保有足够的时间研究主要议题。

◇ **先次后主**

与先主后次的方法相反如果次要的议题数量较少，而研究主要议题可能要花较多的时间，可采取先次后主的方法，即会议开始后先将一些次要的议题解决掉，然后集中精力讨论研究主要议题。

◇ **先报告，再审议，后表决**

需要对提交的文件进行表决的会议，一般都采取先报告，再审议辩论，最后付诸表决。

◇ **先总结，再表彰，后交流**

总结表彰交流会，一般采取先对某项工作或某项活动作总结性报告，然后宣布表彰决定和表彰名单并颁奖，最后进行交流发言并安排领导讲话。

◇ **按议事规则排列**

如已制定会议的议事规则，则议程顺序的安排应当遵守其规定。

16

常规的会议议程有哪些流程？

会议的议程如同有序排列的轨道，可以令会议在预定的方向上有步骤、有计划地进行，所以会议的议程内容十分重要。一般来说，大多数的会议议程内容都需要包括以下几个方面。

◇ **开场**

主持人的开场白是会议开始后首先需要进行的部分。开场白的内容包括：必要的与会者介绍，此次会议所要解决的问题，问题的有关背景，此次会议的目标等各方面，甚至有时还要透露主持人或召集者的态度。开场白的内容范围由会议召集者来恰当把握，但具体内容应由主持人本人来控制。

◇ **基本情况介绍**

在主持人的开场白中提出问题后，应设计由几位与会者介绍他们对这个问题所掌握的情况，这样可以令其他与会者对这个问题有一个初步的概念，并且可以以这些基本的情况为出发点进行思考，为之后的讨论做铺垫。

这里有两点需要注意：一是，介绍者应是提前指定并对问题有了一定研究的人，他们介绍的情况应当是可靠的；二是，介绍者的发言应简练扼要、重点突出，不需要介绍更多细节方面的问题。因为即使介绍了，其他与会者也不一定能记得下来，至于一些细节问题，可以在讨论阶段再详细介绍说明。

◇ 自由发言讨论问题

虽然是自由发言，但实际上仍应提前拟订一个大致的顺序。这个顺序可以让一些反应较快、性格外向的与会者首先发言，再让一些思考时间较长、较深入的与会者接着发言，这样可以避免出现无人发言的尴尬场面，并且可以使整个讨论逐步深入，从而调动和活跃大家的思维。

在差不多每个人都表明了自己的观点之后，会议的讨论就该进入更激烈的阶段了，这时与会者极容易分为几派，并且有些与会者会彼此针锋相对，虽然场面可能会有些混乱，但这时正是问题讨论最深入的时候，可以令所有的矛盾都自行充分暴露出来，为后面作出的决议做准备。

◇ 结论

在充分的讨论之后，就需要逐步地进行意见整合，找到共同点，在分歧上相互妥协。这时候，主持人就应处在主导地位，他的主要任务是促成与会者们的意见相互配合，达成一致，最后以一定的形式表述出来，提交上级或向下级传达。

◇ 会议结束

会议达成决议后，还没有正式结束，会议主持人或是会议组织者一般都需要对会后的工作进行简单的安排，或明确地向与会者布置任务。

会议议程除应包括以上内容外，还可以根据实际需要而对会议的议程进行添加删减，例如，有的会议结束时可能需要领导发言；有的会议的议题情况介绍由主持人代为进行等。这些都要视具体会议的情况而定。

17

如何拟写会议议程？

会议议程主要由三部分组成。

◇ **标题**

简要式标题由"会议名称"+"议程"组成，如"第十一届全国人民代表大会第三次会议议程"。省略式标题：直接写"会议议程"。

◇ **题注**

有的会议议程须经过会议审议讨论通过才能生效，所以须写明题注。题注一般是审议通过的会议的召开时间并在会议名称后加"通过"字样，前后加括号。如《第十一届全国人民代表大会第三次会议议程》题注为"2010年3月4日第十一届全国人民代表大会第三次会议预备会议通过"。

◇ **正文**

按照先后顺序写明会议所需进行的项目：

需要审议、讨论、通过的各项文件、报告、计划、议案、议题等；需要进行的讲话、演讲、发言等；需要总结的工作、制订的计划、讨论的问题、达成的协议等。

18

邀请会议嘉宾与媒体需要注意哪些礼仪？

召开重要会议，一般都会邀请嘉宾和媒体到场，以完成会议既定议程和预期目标。邀请会议嘉宾，是一项十分讲究礼仪的会议准备工作。在确定名单、发出邀请、做好接待、负责安保等几项重要环节上，都要认真做好，措施到位。

◇ **确定嘉宾的人选**

①组织方的各级领导和政府官员。他们代表着组织方的上级对会议的重视和会议的规格，以及可能产生的社会影响。

②企业的重要客户和各种礼仪相关方。他们代表着与企业生存和发展密切相关的方方面面，如销售商、供应商、银行、政府、媒体等。

③社会名流和影视明星。他们到场有助于企业制造新闻事件，吸引公众和媒体的关注。

④对实现会议目标有潜在贡献的人。他们对会议目标的有效实现常具有不可替代的作用，如：员工代表、社区代表、专家、顾问等。

◇ **嘉宾邀请的步骤**

①要先确定嘉宾名单，并事先与嘉宾沟通确定能否出场。

②要发出正式邀请。邀请方式可以是电话，也可以是正式邀请函。

③要做到有礼貌。既要盛情邀请，又不能强人所难。

④要了解嘉宾各自的背景，处理好嘉宾之间的关系。

⑤对于难以分辨是否应该邀请的人士，最好采取"宁可邀请，而不排斥"的原则，邀请他们参加，以免遗漏。

⑥嘉宾人数不宜过多。邀请嘉宾既要考虑代表性，又要考虑经济时效。不要一味追求名人效应，给组织带来不必要的麻烦和费用。

◇ 对有关媒体的邀请

根据会议的内容、规模、级别确定通知邀请媒体的范围、层次和类型。无论采用哪种方式，都要提前做好准备，为媒体采访报道提供便利。

①确定邀请媒体的类型、级别、数量及具体单位。媒体根据使用的媒介可以分为平面媒体、电视媒体、网络媒体；根据级别可以分为全国性媒体、地方性媒体、组织内部自有媒体。对于办会者来说，除了邀请全国性媒体来扩大宣传之外，还可以邀请除了本地媒体以外的其他地方媒体，如发言人和参会人的家乡媒体，可以扩大宣传的广度和力度。在确定通知邀请的媒体范围时，尽量兼顾媒体不同受众、覆盖面、实效等因素，尽量涵盖各个类型、各个级别与组织关系良好的媒体。

②通知、邀请媒体的方式。可以通过新闻发布会、媒体见面会、吹风会的方式来告知媒体；也可以通过报纸、电视、网络来宣传相关信息，吸引媒体的参与热情；还可以以官方的书面通知、邀请函的方式来发出邀请；对于已经建立良好合作关系的媒体，可以直接电话邀约。

③确定能出席会议的媒体。已经通过各种渠道得知会议相关信息的媒体，要通过电话来确定能否出席，如果重点邀请的媒体不能前来，要及时汇报领导更换邀请对象或由领导出面解决。

19 接待出席会议人员应注意哪些礼仪？

◇ **热情接待出席会议人员**

现代会务接待服务的概念已不再是迎来送往、打水泡茶了，而是涵盖了会务接待服务工作的全部内容，是一种全方位、立体化的服务。

①诚恳热情。这是人际交往成功的起点，也是待客之道的重要内容。热情、友好的言谈举止，关心、周到的服务行为，会使与会者产生一种温暖、愉快的感觉。

②讲究礼仪。会务接待服务是典型的社交礼仪活动，务必以礼待人，体现素养。讲究礼仪包括：在仪表上面容整洁、衣着得体、和蔼可亲；在举止上稳重端庄、风度自然、从容大方；在言语上音调适度、语气温和、温文尔雅。

③细致周到。会务接待服务的内容具体而又烦琐，涉及许多方面，要按照领导的意图和会议的要求，精心组织，统筹协调，内外照应，有条不紊。通过服务，善始善终地保障会议按预定的计划顺利进行。

④按章办事。企业的会务接待服务都有规章制度，应自觉地照章办事。对服务的标准，不得擅自提高或降低。

◇ 做好会议的安全和保卫工作

会议的主办方和承办方还需关注会议安全。会议应确保嘉宾、与会者及参展商的人身及财物安全。会议安全保卫包括嘉宾的人身安全保卫；嘉宾私人贵重物品的安全保卫；嘉宾所携带的重要文件的保卫；会场和住地的安全保卫；会议各种设施用品的安全保卫；会议使用车辆的安全保卫等。

许多承接会议的饭店为了实现安全保卫，除了配备保安人员外，还采取了一系列保安措施，包括配备电子锁，备有良好照明设施的停车场和公共区域，在展览厅安装高科技的警报和监视系统等。

◇ 会议嘉宾安全保卫的关键阶段

①会议召开的准备阶段。在会议召开之前对会议的会场、与会人员的住地及周围的环境情况进行必要的检查摸底，熟悉基本情况，及早发现和排除可能出现的隐患。

②会议嘉宾到达阶段。应注意会议前期的准备和检查是否已到位，无关人员是否已清离现场，嘉宾进入会场的通道是否安全通畅等。

③会议的进行阶段。协同会议的有关工作机构，对参加会议的重要领导的人身安全、集会安全、娱乐安全、用电安全、防火安全、财务安全、会议饮食安全和与会人员的个人财物安全提供必要的保证，加强会议设备的安全检查，保安人员对可能进入会场的身份不明的人员保持高度警惕。

④休会阶段。在会中休息和闭会时，也会有涉及人员、物品和文件的各种不安全因素出现。对需要保密的会议文件、资料、图表、仪器、设备等，运用必要的保卫手段，予以严格控制，杜绝任何失窃、泄密事件的发生。

⑤嘉宾离会阶段。与会议的后勤部门密切配合，做好对车辆的安全检查和行车安全的工作，避免任何形式的交通事故发生。

◇ **会议安全保卫人员的职责**

应熟悉地方和国家法律、法规，能够冷静协助公安人员制服滋事者；防范火灾（包括在消防人员赶到前组织扑灭小型火灾）；熟知会场的紧急疏散示意图，了解如何在大规模恐慌中维持秩序；向领导汇报事故情况；监督装卸会议用品，防止与会议有关的财产或展品被盗；会议值班制度要健全，安全保卫人员要坚守岗位。

◇ **会议保卫工作的检查**

包括确定会场内所有的设备线路、运转及操作规范的安全可靠；确保会场内消防设施齐全有效；确保会场的防窃听装置灵敏高效；确保会场的防盗设施（监控器的探头等）处于运行状态；检查进出会场人员身份，禁止无关人员进出会场。

20

常规会议需要准备哪些重要文件？

会议文件准备，是会议准备工作中的一项重要内容。包括领导讲话稿、会议报告、会议提案、典型材料等，都要组织有关人员进行起草，并按照程序进行审核、装订、编号、装袋，保证与会人员的使用，保密文件还要及时收回。

◇ 准备好会议讲话稿

讲话稿是领导者为实施领导在会议上所作的指示性发言，是各级领导发表意见、部署工作的有效形式。所以，撰写领导讲话稿要在充分了解会议召开的背景、会议内容、会场情况以及听众身份的情况下进行。

讲话稿内容要新颖，要能谈出新意来，只有中心突出、观点鲜明，才能给听众留下深刻的印象。同时，为了达到良好的表达效果，语言要通俗易懂，还要富于特色，适应不同听众的特点。

一般来说，领导讲话稿具有如下几个方面的特点。

①针对性。讲话稿的内容不是随意确定的，而是由会议主题和讲话者身份来决定的。讲话稿是根据会议的主题、性质、议题，以及会议场合、背景，或者听众的身份、心理需求和接受习惯等因素而撰写的。

②原则性。领导讲话稿多与党和政府的路线、方针、政策有关，必须

讲求原则，代表党和国家的立场，不能有所偏离。

③得体性。讲话稿的语言要适于表达，便于听众理解和接受，既要准确、生动，又要简洁明了，与讲话者的目的、身份相吻合。

④集智性。大型会议的领导讲话稿，通常由一个小组来代为起草。因此，讲话稿是集体智慧的结晶。

◇ 准备好大会工作报告

大会工作报告也可称为会议报告，是党政机关、社会团体、企事业单位的负责人代表领导机关在大型会议上，针对本系统、本部门、本单位的基本工作，对全体与会者所作的全面、系统的报告。大会工作报告不同于讲话稿，讲话稿涉及的范围更广，凡是和会议有关的内容都可以作为讲话的内容，而会议报告往往和特定的某一阶段的工作相关联。

不同类型的大会，其工作报告的内容侧重点有所不同。

①汇报性工作报告。一届领导机构任期已满，在本次大会上选举换届之前，由上届领导所作的工作报告，一般都属于汇报性工作报告。党的代表大会上的工作报告，也要对上次代表大会以来的主要工作进行总结汇报。

②传达性工作报告。重点用以传达党和国家的方针、政策、法令、决议，以及上级机关的重要指示和重要会议精神的工作报告，称传达性工作报告。

③部署性工作报告。这种工作报告的内容侧重于对下一阶段的工作进行动员和部署，阐明工作活动的宗旨、任务、目的、意义。

一般来说，大会工作报告具有如下特点。

①政治性。会议报告一般都是国家机关、企事业单位、社会团体的领导人或负责人在重要大会上所作的报告，具有很强的政治性。

②全面性。大会工作报告是对本系统、本部门、本单位的基本工作所

作的全面性的报告,有着综合性、系统性、总揽全局的特点。

③集体意志性。大会工作报告虽然是某一领导人在大会上宣读的,但报告的内容却不仅仅是报告者个人的思想、观点和态度,它是领导机构集体意志的反映,在这一点上,它跟主要代表个人意志的领导讲话稿有着本质的不同。

④思想指导性。大会工作报告一般没有具体的指挥性,但思想指导性的特点十分鲜明。大会工作报告的基本功能是:正确评价以往的工作,明确当前的形势和任务,统一思想、统一认识,在此基础上提出今后的任务和奋斗目标,以便大会之后统一步调、统一行动。

⑤庄重性。会议报告是大中型会议的一项重要议程,关系到本机关、本部门、本地区乃至全国的全局性工作,其内容和形式都具有特殊的庄重性。

⑥权威性。会议报告人不是以个人名义在大会上作报告,而是代表法律法规确认的一级党、政机关,体现着一级党政领导集体的意志和决断,具有权威性。

◇ **准备有关典型材料**

有些会议,如座谈会、表彰会、报告会需要准备好一些典型材料以作为会议的交流材料,还可以作为刊登在报纸、杂志、网络上成为新闻传播材料。典型材料是对先进个人、先进集体进行介绍、宣传而撰写的文字材料。撰写典型材料要保证典型的真实性、代表性,写出典型的特色,突出其特点,既可以使用第一人称,也可以使用第三人称,不能道听途说或者随意拼凑,也不能故意拔高、塑造高大全形象。同时要处理好先进典型与组织、群众的关系,用生动平实的语言表现典型。

典型材料一般具有如下特点。

①典型性。典型性是典型材料的最主要特点。任何典型人物或集体,

其事迹都应当能够体现时代特质、时代精神，对社会某一方面的工作具有重大的推动和指导作用。

②真实性。真实性是典型材料的生命，是保证典型个人、典型集体能够真正成为楷模的基础。如果材料虚假，不仅影响典型对象自身的形象，对整个社会都会产生负面影响。

③独特性。个人或集体的典型事迹或典型经验具有鲜明的个性特征，是与其他个人或集体具有明显差别的地方。正是这些差别才使典型个人或集体得以产生。

④感染性。宣传典型的主要目的是希望典型事迹能够在读者心中留下深刻印象，能够产生心理共鸣，从而发挥教育作用，所以典型材料的写作，应注意用细节、用事例去体现人物的品质和精神，以产生强烈的感染力量。

典型材料可分为如下几种类型。

①典型个人材料。典型个人材料是指宣传典型个人的材料。

②典型集体材料。典型集体材料是指宣传典型集体的材料。

③典型经验材料。典型经验材料是指宣传某一单位在某项工作中取得的成功经验的材料。

◇ 对会议提案的准备

有些会议需要准备会议提案。会议提案是有提案权的组织或个人按规定提交会议讨论的书面意见或建议。撰写会议提案必须经过认真选题、细致调查等环节。会议提案所选定的题目一般是社会热点、难点问题，或是亟待解决的问题。提案范围确定之后，还必须经过细致的调查研究，深入挖掘隐藏在现象背后的根本原因，这样，才能对所选定的内容进行细致分析，才能根据原因提出解决的方案。另外，在撰写提案过程中，需要集思广益，广泛征求群众意见，这样才能使提案切实得到解决。

会议提案具有如下特点。

①规定性。会议提案不是任何个人或组织都可以提出的。只有作为会议的正式代表，才能在会议召开期间对会议提出提案，其内容也是由会议主题确定的。

②理据性。提案者需要在掌握客观事实的基础上对问题作出充分的分析、说明，只有理由充分、论证具体，提案才能受到重视，问题也才能真正得到解决。

③可操作性。会议提案的目的是解决问题，所以提案的建议、意见和要求，必须具有实施的条件和可能，具有可操作性。

◇ 会议参考资料的准备

参考资料可提供与会议主题相关的文献和数据，帮助参会者在相关事宜的讨论中作出客观的判断。会议筹备工作中，应根据需要来选择适当数量的参考资料。

参考资料应在会议正式召开之前发给参会人员，可以随同会议通知一起下发，使其有足够的时间阅读。如果参考资料易于阅读而且数量较少，可以在参会人员报到时发放。发放参考资料之后，会务人员应注意督促参会者阅读这些材料，并提醒其到会时携带。

准备参考资料应注意以下几个方面。

①参考资料应简短且确有必要，避免篇幅过长；

②如果确实需要采用长篇文章，应在正文之前归纳出提要；

③参考资料的形式应灵活，提倡采用表格、图表等形式替代文字；

④所有的参考资料应标有编号并注明"××会议参考资料"或"××会议交流材料"字样。

21

对会议文件的审核、装订与备份有哪些要求？

会议开始前，要精心印制讲话稿、会议日程安排表、会场指示图、宾馆内部示意图，并将以上文件及附送的本市交通图等装订成册，注意不要缺页，要便于携带和查阅。印制这些文件要根据与会人数并注意留出足够的份数，以备与会人员遗失文件时用。印制好的文件要根据与会人员不同的单位、部门、级别整理好，以便分发。

文件的印制、分发应认真负责，保证质量，不出差错。因此在会议文件准备好之后，应做好审核、装订、备份工作。

◇ **会议文件资料的审核**

会议文件资料审核工作主要审核会议文件的准确性和完整性，以及文件内容与议题的相适性。会议文件审核的方法有三：一是对校法，适用于定稿上改动较多的文件。二是折校法，适用于整洁、改动不多的文件。三是读校法，适用于定稿内容浅显易懂，生僻字、专用术语名词较少的定稿。

◇ **会议文件审核的工作步骤**

①由起草文件的秘书就文件内容进行自审，使会议文件在初始期就能严格把关。

②由主管进行会议文件初审。

③如会议文件的内容涉及的部门较多,要进行必要的会审。

④在会议文件审核修改之后,要由主要领导者或主管领导进行终审。

◇ **会议文件资料的装订**

会议文件资料装订前应严格管制外流和散失,对于文字的校对更应该慎重。资料的装订、前后次序不能颠倒或与议程有别。

◇ **准备会议资料的备份**

会议的资料倘若不属于机密性质,主办机关除发给与会人员外,应有备份,以供临时未带者备用,或提供给新闻媒体采访与报道使用。

◇ **会议文件准备的具体要求**

①文件装袋。按照参会人员名单,为每个人准备好一个专用的文件袋,外面填写姓名,并注明"会议文件"字样。

②文件编号。对于重要文件,应事先为其编制号码,并在发放时进行登记。文件编号通常印在文件首页左上角处,字体应有别于正文字体。如果文件需要保密,还应注明保密等级。

③注意退回。一些征求意见稿或保密性的文件,需要在会后退回,应附上一份文件清退目录,并提醒参会人员切勿私自带走。

④数量充足。分发会议资料应适时适量。准备会议资料时,不宜严格根据参会人员名单的数量打印相应的数量,而应考虑到文件丢失、参会人员临时增加等各种情况,适当多打印一些。

⑤事先送达。内容重要而又需要先送达参会者的文件,可派专人递送或采用传真、特快专递的方式送达。

22 会议文书有哪些撰写礼仪？

◇ **会议邀请函的撰写礼仪**

会议邀请函是专门用于邀请特定单位或人士参加会议，具有礼仪和告知双重作用的会议文书。会议邀请函的结构与写法如下。

①标题。标题由会议名称和"邀请函"组成，可不写主办机关名称和"关于举办"的字样，如：《亚太城市信息化高级论坛邀请函》。"邀请函"三个字是完整的文种名称，不宜拆开写成"关于邀请出席×会议的函"。

②称呼。邀请函的发送对象有三类情况：

其一，发送到单位的邀请函，应当写单位名称。由于邀请函是一种礼仪性文书，称呼中要用单称的写法，不宜用泛称（统称），以示礼貌和尊重。

其二，邀请函直接发给个人的，应当写个人姓名，前冠"尊敬的"敬语词，后缀"先生""女士""同志"等。

其三，网上或报刊上公开发布的邀请函，由于对象不确定，可省略称呼，或以"敬启者"统称。

③正文。正文应逐项载明具体内容。开头部分写明举办会议的背景和目的，用"特邀请您出席（列席）"照应称呼，再用过渡句转入下文；主体部分可采用序号加小标题的形式写明具体事项；最后写明联系信息和联络方式。结尾可写"此致"，再换行顶格写"敬礼"，亦可省略。

④落款。因邀请函的标题一般不标注主办单位名称，因此落款处应当署主办单位名称并盖章。

⑤成文时间。写明具体的年、月、日。

◇ **会议柬帖的撰写礼仪**

请柬，也叫请帖，是一种专门邀请客人参加某项仪式或典礼的礼仪性文书。会议请柬的结构和写法如下。

①固定格式请柬。指按统一格式批量印制的请柬。这类请柬应当有信封，以示郑重。请柬的行文一般不提邀请对象姓名，而是将其姓名写在信封上。最后填写主办单位名称，也可由主人签名。

②撰拟格式。即根据活动的具体要求和对象的实际情况，亲笔拟写或专门打印的请柬。具体格式如下：

标题。仅写"请柬"二字，居中。

称呼。写明对象的姓名。如发给单位的，则写单位名称。

正文。写明活动目的、内容、形式、时间、地点等。语气用词一定要恭敬、委婉、恳切。请柬中所提到的人名、国名、单位名称、节日名称都应用全称。如果要确切掌握出席情况，可在请柬下方注上"请答复"字样。

具名。以单位名义邀请的具单位名称并盖单位公章，以示郑重，以单位领导的名义发出的请柬，由领导签名，以表诚意。

时期。写上邀请日期。

③柬帖颜色的选择。一般来说，喜庆活动的柬帖一般采用大红烫金的颜色；开张、落成、揭幕等典礼一般采用粉红或橘红色；纪念、联谊等宜用庄重、朴素色，如蓝色、黄色；丧、葬等用白底黑字或月白等素色。

④ 发柬方式的选择。柬帖发送是否仔细、周到表示了邀请人的诚意，一般有以下几种方式：

专递。这是最郑重的一种，反映了邀请人的诚意，它是指派人专门将柬帖送到被邀请人手中。

邮寄。这是最通常的做法，特别是当规模大、人数多的时候只能这样做。

回执。回执是指邀请人为了要证实究竟有多少来客能出席的一种做法。回执随同柬帖一起发出，在规定时间内由对方填写寄回。柬帖切忌转送。一是万一捎带者忘记送，将会误事；二是被邀请人会感到不被重视。

◇ **会议开幕词的撰写礼仪**

开幕词是一种较大型的重要会议上由主要负责人在会议开始时向大会的致辞。会议开幕词是会议讲话的一种，它以简洁、明快、热情的语言阐明大会宗旨、性质、目的、任务、议程、要求等，对会议起着重要的指导作用。

开幕词的写作一般要以会议方案为蓝本，事先要经主席团、委员会等领导机构批准。开幕词一般包括首部、正文两部分，其格式和写法如下。

①首部。包括标题、时间、称谓三部分。

开幕词的标题，有三种写法：

一是由大会名称加文种组成，如《第××届全国大学生运动会开幕词》。

二是由致辞人姓名、大会名称、文种组成，如《×× 同志在 ××× 大会上的开幕词》。

二是采用复式标题，主标题揭示会议的宗旨、中心内容，副标题与前两种标题的构成形式相同，如《我们的文学应该站在世界的前列——××作家协会第四次会员代表大会会议开幕词》。

时间。开幕词的时间，加括号标写在标题下方正中位置。

称谓。称谓是对与会者的统称。按照国际惯例来排列顺序，较常见的是："各位嘉宾，女士们、先生们"，后加冒号。

②正文。正文可分为开头、主体两部分。

开头的内容包括以下几项：

一是宣布大会开幕。

二是对大会的规模和参加人员的身份进行介绍。有些开幕词可以有这项内容，大致说法是："参加这次大会的代表有×人，他们分别来自……"。

三是对大会表示祝贺，对来宾表示欢迎。大致说法是："我代表×对大会表示衷心的祝贺！对与会的各位代表和来宾表示热烈的欢迎！"

主体是开幕词的核心部分，主要包括以下几个方面的内容：

一是阐明会议的重要意义。具体涉及：会议将要讨论解决什么问题，这个问题的现实价值如何，会议最终将会达到什么目的，等等。

二是说明会议的主要议程。议程明确的会议，可以将议程直接列项表达，如议程不宜列项，则要对会议将要讨论的主要问题进行阐述。

三是向与会者提出希望和要求。

③结尾。开幕词一般用祝颂语结束全文，如："最后，祝大会取得圆满成功。祝各位在北京愉快。谢谢！"

◇ 会议闭幕词的撰写礼仪

闭幕词，是在大型会议或重要会议即将结束时，有关领导人对大会的议程及会议中解决的问题所作的带有评价性、总结性的讲话。

闭幕词的写作模式与开幕词基本一致，也包括首部、正文、结尾三部分。

闭幕词的作用主要表现在：对大会进行高度的概括和总结；对大会基本内容和主要精神进行肯定，并鼓励与会人员会后进一步贯彻执行大会精神；提出今后任务，指明前进方向；闭幕词文字既要简明扼要，又不宜空泛笼统，内容篇幅不宜过长；着重宣布会议闭幕，与开幕词前后呼应。

其他会议文书还包括迎送词、祝酒词等。

第四章

会议前期的服务工作礼仪

23

会场布置有哪些排列布局的方式？

规范有序、合理布置的会议环境，是保证会议成功的服务内容与必要条件。在会议前期工作中，会议环境布置应严格按照会议服务要求与礼仪程序进行周密的准备，既要突出会议的主题，又要达到烘托整个会场气氛的实质目的。会场的布置形式很多，从排列布局的不同可以分为以下几种形式。

◇ 上下相对式

上下相对式是指主席台与代表席上下面对的形式，它突出了主席台的地位。适合于召开大中型的报告会、总结会、工作会、代表大会等。上下相对式可以细分为剧院式和课桌式。

①剧院式。适合听众较多的场合，一般设在礼堂、会堂、影剧院、体育馆等。这类会场在舞台或高出代表席的地方设主席台，并有一定的距离。各种代表大会和其他大型、特大型会议常采用这种形式，显得隆重、热烈、庄严，主次分明。

②课桌式。如果需要作记录，或者是超过两小时的会，就用带写字板的椅子或布置成排桌子。一般设在中型会议室，也设主席台，但通常不高出代表席，距离也不大，大体上和教室摆法差不多。采用这种形式，显得

紧凑、和谐、庄重。

◇ **全围式**

　　全围式的主要特征是不设主席台，参加会议的领导和主持人同其他与会者围坐在一起，容易形成融洽和谐的氛围，体现平等互助的精神，适用于召开小型会议、座谈会、协商会等。

　　圆桌形如每个小组限于八人以下，而且无需使用黑板或其他展示品，就可用此种形式。主要的好处是参加者能彼此看得清楚。但桌子不一定是圆桌。

◇ **半围式**

　　半围式的主要特征是在主席台的正面和两侧安排代表席，形成半围的形状，既突出了主席台的地位，又增加了融洽的气氛，使用于中型的工作会议、座谈会、研讨会等。可以细分为 U 字形、T 字形等。

　　①U 字形。U 字形是一种最普遍的形式。将桌子连接着摆放成长方形，在长方形的前方开口（空出一个短边），这种形式一般需要 3 张或 3 张以上的桌子，椅子摆在桌子外围，通常开口处会摆放搁置投影仪的桌子，中间通常会放置绿色植物以作装饰，主持人坐在离 U 字形一端稍远的第 4 张桌子，常用于学术研讨会等类型的会议。此种台型容纳人数较少，能体现民主与团结的气氛，这样不但便于与会者与主席之间的沟通，而且也便于与会者跟与会者之间的交流。

　　②T 字形。T 字形布局最适合进行小组讨论。也可以将两排桌子改为一排，让与会者面对面地坐在桌子的两边。T 字形的顶端是发言人的座位，因此不应该向两边伸出太多。

◇ **分散式**

分散式即将会场座位分散为由若干个会议桌组成的格局，每一个会议桌形成一个谈话交流中心，与会者根据一定的规则安排就座，其中领导人和会议主席就座的桌席称为"主桌"，是用于召开规模较大的联欢会、茶话会等。可细分为圆桌形、方桌形、V字形等。

V字形布局可以使与会者彼此看到，以便增加相互间的目光交流。同时，这种布局也可以让发言人方便地看到与会者。如果发言人不喜欢和与会者分开，则可以采取倒V字形布局，这样就能和与会者坐在同一张桌子旁，不过可能不太容易看到所有的与会者，具体情形要根据V字的角度而定。

24

如何安排会场的座位、座次？

排列座次是会场布置的一项重要工作，座位编排与会议成效的高低具有密切的关系，使与会人员有固定的座位，感到舒适方便，会场也显得整齐有序。

布置会议场地，应考虑会议的性质及与会人数的多少。例如在提供信息的会议里，倘若人数众多，则以不设桌子的戏院式安排或是设桌子的教室式安排较为理想。在解决问题的会议里，假如人数不多，则最理想的安排是让每一位与会者均环绕桌子而坐，这样可方便每一个人跟其他的人进行多项沟通。再如在培训会议里，如人数不多，则可令与会者坐在马蹄形的桌子的外圈，这样不但便于与会者与主持人之间的沟通，而且也便于与会者跟与会者之间的交流。但若人数众多，则最好是将与会者分成若干小组，每一小组各聚在同一桌子周围。这种安排的好处在于方便分组讨论及综合讨论。

◇ **排列座次的几种规则**

①凡要正式公布名单的，按照名单先后顺序排列座次。

②按照选举得票多少排列座次，得票数一样的，以姓氏笔画为序排列先后。

③按照姓氏汉语拼音字母字头为序排列先后。

④按照姓氏笔画为序排列座次。

◇ **排列座次的几种方法**

①横排法。即按照公布名单或以姓氏笔画为序从左至右依次排列座次。

②竖排法。即按照各代表团成员的既定次序或姓氏笔画沿一条直线从前至后依次排列座次，正式代表在前，候补代表在后。每个代表团的排列次序按固有顺序从左至右排列，或以会场中心座位为基点，向两边交错扩展。

③左右排列法。即按照公布名单或以姓氏笔画为序，以会场或主持人台中心为基点，向左右两边交错扩展排列座次。中国传统习惯以左为上，排在第一位的居中而坐。以此为基点，其余的以居中者的左手方为第一顺序，一左一右，依次排列。

④自由择座法。就是不排定固定的具体座次，而由全体与会者完全自由地选择座位就座。

◇ **主席台座次的安排**

一般与会者多、规模较大的会议，在会场上要设主席台。具体说来，安排主席台座次时遵循以下几点。

①主席台座次的编排应编制成表，先报主管上司审核，然后贴于贵宾室、休息室或主席台入口处的墙上，也可在出席证、签到簿或会议手册上标明；在主席台的桌上，必须在每个座位的左侧放置姓名台签，以便对号入座。避免上台之后互相谦让。

②主席台座次排列，应以主要负责人为中心，然后按职务一左一右排列（按照我国传统以中心人的左方为上，若在台下看，即为右方）。若主席台上人员为双数，将主要负责人定位后按职务一右一左排列。

③几个机关的领导人同时上主席台,通常按机关排列次序排列。可灵活掌握,不生搬硬套。如对一些德高望重的老同志,也可适当往前排,而对一些较年轻的领导同志,可适当往后排。另外,对邀请的上级单位或兄弟单位的来宾,也不一定非得按职务高低来排,通常掌握的原则是:上级单位或同级单位的来宾,其实际职务略低于主人一方领导的,可安排在主席台适当位置就座。这样,既体现出对客人的尊重,又使主客都感到较为得体。

④对上主席台的领导同志能否届时出席会议,在开会前务必逐一落实。如主席台人数很多,还应准备座位图。如有临时变化,应及时调整座次、名签,防止主席台上出现签名差错或座位空缺。还要注意认真填写名签,谨防错别字出现。

25

会议场地的装饰需要考虑哪些因素？

会议场地的装饰布置，一般指利用色调、尺寸和装饰进行会场设计布置，以适应会议中心内容的需要，起到突出会议主题和烘托气氛的作用，达到企业宣传的实质目的。拟订布置会场的方案时，要讲究一定的科学性、合理性和艺术性，更应细致周到，一般应考虑如下项目。

◇ **主席台的装饰**

会场主席台是与会人员瞩目的地方，也是会场布置的重点。现在一般在主席台前设讲台，用于发言人讲话。主席台后方通常会搭建起一块主题背景（彩喷材料）板，背后悬挂会标或旗帜；会议名称的标语悬挂在主席台上方。背景上有会议主题及主办机构信息；主席台上可适当摆放鲜花点缀；主席台要求红色地毯，绒布主持台；主席台设席位若干，主席台两侧挂大型白色投影幕，配备激光指示笔（或者伸缩式教鞭）；主席台配置有线／无线麦克风、茶水杯（或者瓶装矿泉水）。

◇ **色调的选择**

色调在这里主要是指会场内色彩的搭配与整体基调。与会议内容相协调的色调，可以对与会者的感官形成一定的刺激，在其心理上产生积极的影响。要与会议内容、对象、气氛相适应，能考虑季节因素更好，包括地毯、窗帘、桌布等。法定性、决策性会议，以褐红色、墨绿色为主，显示隆重、庄严的气氛；庆典性会议则以暖色调为主，显示喜庆、热烈的气氛。

◇ 幕布的选择

可选择一层幕，也可根据需要选择多层幕。但底幕应选用重质材料。分幕可用轻质或亮彩材质。在幕布的周围可加简单的配色构图或人物构图，这样既简练又大方而且还美观。整个幕布的色系要搭配得当，主次分明，特别要突出企业独有的特色来，当然喜庆是不可缺少的。此外，可在幕布底边处点缀些鲜花或气球等具有动感之物，这样会更佳。

◇ 徽标的布置

在主席台或主席位的上方悬挂会标和会徽。会标一般要标明会议的全称，多用宋体，红底（蓝底）白字，有的会议如追悼会则应用黑底白字。主席台底幕上有时需要加挂徽标。

◇ 标语的布置

会场入口处及会场内是给与会者进出时的首先印象，可适当悬挂一些鼓动性、庆祝性的标语。标语应该是口号式的，字数不宜过多。也可以用气球悬挂。庄重严肃的会场悬挂的会标通常是红布作底衬，再印上白色的字幅。小型会议，在会场前面的墙上或黑板上可以剪贴或写上字体端庄的会标。

◇ 指示标志的设置

在较大的会场，指示标志对于与会者迅速地找到会场位置非常重要。

要在会场入口及场内悬挂或放置指示牌，指明各座区的方向和方位。

◇ 报到台的布置

供来宾签到或咨询以及办理手续的地方，在报到处的后方设置签到处背景板，更能体现会议的专业性；报到台的设计要根据需要用中英文字母醒目标出，才能引起来宾注意。

◇ 花摆的装饰

花草是软性的视觉注意力，根据会议性质和主题需要，在主席台底幕下、主席台与代表席的隔离处、讲台和会场四周可适当摆放若干花草盆栽，以表达会场的热闹和生气，但不失庄重。VIP室、签到桌及讲台等位置一般都应放置鲜花，开业典礼及其他庆典往往还需要花篮花门等装点，在主席台后侧适当摆些棕榈树、花草植物盆栽，显得既庄严又朴实，这对烘托会场气氛，营造优美的环境很有好处。

◇ 会场的照明

照明要明亮而不耀眼，通常使用人造光源。亦可利用阳光，应备有窗纱，以防强光刺目；使用人造光源时，要合理配置灯具，使光线尽量柔和一些。

不要向发言者打上太强的光，这会使他们感到不自然。

如果需要全程录像，应确保有足够的照明度，使录像机能拍录到高品质的影像。可以考虑购买或者借用先进的录像机，在彩排时拍下会议，以免与会者受到过强的灯光照射而苦恼。

黑暗也有特殊效果，如果把会场变成一片漆黑，可以产生很好的戏剧效果。

26

会标、桌签、座签有哪些制作要求？

◇ **制作会标**

会标是会议名称的标志，根据会议类型或主题，会标可以横幅或展板的形式显示。通常较庄重正规的会议应制作横幅，即会议的会标都是以红布横幅作底衬。其制作方法主要有三种。

①选用适当规格和颜色的纸张，用广告色书写，随后将书写有会议名称的纸张均匀地排列并固定在横幅之上。

②按照适当的规格，将会议名称的每一个实际情况用铅笔在白色（或黄色）胶版纸上打出草稿，随后将字剪下并排列固定于横幅之上。

③请广告公司用专门制作设备将颜色适当的不干胶纸，按照电脑设计好的字形刻出，并粘贴于横幅之上。

在制作会标时，每一个字的规格，根据主席台的台口宽度和会议名称的字数确定。具体方法可按下列公式进行：

会标每个字的规格 =（台口宽度 - 间隔）/（字数 +2）

◇ **制作桌签**

会议桌签是在会议活动中标明桌号和就座人身份的标签。桌签多用于茶话会、宴会等会议。会议组织者在发出会议请柬时一般在请柬上同时注明桌号，使与会人在进入会场后能按桌签所标明的桌号入座。

◇ **制作座签**

会议座签是在会议的各席位上标明就座人姓名的标签。会议座签一般在引导与会人员时使用。常用的座签有两种形式：一种是三棱形，一种是卡片形。

①三棱形座签是用硬质材料做成的三棱柱体，平放于桌上。在柱体前后两面夹层插入就座人的姓名卡牌即可。这是目前会议活动中较多使用的一种座签形式。

②卡片座签是一种最为简单的座签形式，多在一些宴会或招待会上被采用。此种座签是用卡片纸做材料，按适当的规格剪出一个长方形，然后再将一端剪成锥形，将锥形部分后折90℃平放于桌上，写上就座人的姓名即可。

27

会场可以使用哪些视听设备？

◇ 麦克风

①微型麦克风。这种麦克风需要挂在脖子上或夹在衣领上，演讲人还可以四处走动，而不会影响声音传送。

②手持麦克风。是一种传统形式的扩音器，电线可有可无。

③固定桌面麦克风。固定安放在讲台上或桌子上的麦克风，演讲人讲话时不能离开讲台，限制了演讲人的行动。

④落地式麦克风。这种麦克风放置在可伸缩的金属架上。

◇ 屏幕

屏幕可以是固定在墙上的墙式屏幕，用时放下，不用时卷起，也可以是能移动的三脚架式的屏幕。由金属材料制成的固定三脚架可放在会议室的任何地方，具有灵活、轻便、多功能的特点，常用于小型会议。

◇ 投影仪

投影仪在教学中很普遍，在会议中也经常使用。投影仪与计算机连接，即可将计算机中的资料投放到屏幕上。

◇ **激光笔**

激光笔是利用激光原理制成的，可以发出红色光点，投影到白板、银幕或其他对象物上，起指示作用。它光束集中，投射距离可达 100 米之远，不阻挡视线，增大了使用者在会议厅的移动范围，而且很灵活。

◇ **录像机、闭路电视**

与会者可以离开会议室，到接有装置的地方收看电视录像。录像在培训会议中广泛使用，这是声音与图像的一种新结合体。它能将演讲内容事先录下声音和图像，然后播放，并且可以重复播放。

◇ **DVD 机**

用于放映光盘，取代录像机。其自身体积小，操作方便，所放的光盘小而薄，可压缩进大量图文、声像信息，而且清晰、保真，制作价格也不贵，比录像带更易携带。

◇ **电视屏幕墙**

电视屏幕墙是一种新型的会议视听设备，其高科技特点体现在它的图像大且清晰、色彩鲜艳、声音效果好，可连接电视机、录像机、摄像机、计算机、VCD 机等。与多媒体投影仪相比，电视屏幕墙放映的图像巨大，适合大型会议，能让距离较远的人员看得清楚，还能同步播放现场会议情况。

28

会议开始前，应对哪些设备、用品进行检查？

在会议召开之前，为确保准备工作做得完备，必须对会议设备及用品进行全面的检查，以防百密一疏，影响会议成功。

◇ **做好会议设备、用品的检查工作**

①提前到达会场，检查空调设备，必要时做好开机准备，空调设备一般应在会议前两小时开机预热或预冷。

②检查好会场灯光、扩音设备。

③检查黑板、白板，确保已擦干净，准备好粉笔、指示棒、板擦等。安放好图架，准备好配套图表和足够的纸张。

④一些重要会议的主席台或会议桌上事先要摆好就座者的名牌，注意名牌文字的大小要适当，清楚易认。如果是工作性质的会议，名牌底色宜用白色。如果是庆典或总结等类型的会议，名牌底色宜用淡粉色。

⑤在每人座位前摆放纸笔等所需文具（或签到时发放）。

⑥投影仪、屏幕、录音设备等需要在会前安放好。

⑦如果有选举、表决、表彰的议程，还需准备好投票箱、计数设备和奖励用品。

⑧会期较长的会议，要安排好茶水饮料，并指定专人服务。

⑨如果是电话、视频会议，需提前检查线路，保证传输效果良好。

◇ **检查会议设备的注意事项**

①会务工作人员应在会前向设备供应商明确具体的解决程序。如果会议租赁的设备比较多，要提前向租赁公司问清楚其免费提供的各种服务的范围和联系方式。

②在会议召开前由专门人员负责检查所有设备。

③会议检查人员应该有一个可以请求紧急帮助的电话号码，以便与相关部门进行联络。如果会议过程中出现了紧急情况，可以判断应该先处理哪里的问题。

④有些设备故障（如灯泡报废等）可以由会议工作人员自行处理，因此在可能的情况下，应该在会场准备一些备用的设备。无论问题多么简单，都不应该让与会者和发言人参与紧急维修。

⑤发现设备故障要及时请有关的公司和专业服务机构派人修理。

⑥有些设备在出现故障时最好更换新的设备，等到会议结束后再进行修理。

29

会场的选择还需考虑哪些因素？

◇ **会议地点是否有汽车租赁服务**

在选择会议地点的时候要考虑到那里是否有汽车租赁服务。虽然与会者在参加会议的过程中一般不需要开车，但是总有一些与会者希望能够有汽车租赁服务，以备不时之需。

◇ **会议地点是否有商店**

大多数会议地点都有商店，出售一些基本的日用品。如盥洗用具、全国性报刊及其他读物、小食品。此外，那里通常还应有美容院和理发店等。

◇ **是否有足够多的电梯供与会者使用**

所有活动都在一层楼上进行的会议在这方面没有很大的问题，但是大多数的酒店在建筑时主要都是为了提供客房。有些酒店将较低楼层上的客房改建成会场，结果可能导致电梯的拥挤。

◇ **走廊和公共区域是否存在隐患**

会议承办者可以亲自到会议地点的走廊各处走走，查看那里的状况。如果可能的话，承办者应该在一天的不同时候到走廊中进行查看，查看那里是否有不足之处，如设置过低的烟碟或其他可能给行为障碍者和大量与会者带来不便的墙壁结构。

◇ **是否有足够多的公共卫生间**

这些地方是否有干净且设施齐备的公共卫生间。会议工作人员应该根据会场的位置和与会者的数量来判断公共卫生间的数量和分布是否合适。

30

如何做好会议接待服务？

会议接待就是指在会议正式召开前和召开后的一系列接待工作，要本着热情诚恳、细致周到、照章办事、讲究礼仪的要求进行组织和筹备，力求保证会议的正常和顺利开展。

◇ **掌握与会者详细信息**

通过会议回执或电话联系，掌握与会者详细信息，包括姓名、性别、职务及所在单位等，详细准确记录与会者抵达的具体时间、地点。

◇ **确定迎接规格**

重要领导或外宾前来参加会议，要事先确定迎接的规格。主办方应当派有一定身份的人士前往机场、码头、车站迎接。会议接待人员要事先了解他们抵达的具体时间以及所乘的交通工具，并通知迎接人员提前到达迎接现场。

◇ **竖立接待标志**

与会者集中抵达时，在接站处要竖立醒目的接待标志，以便与会者辨识。

◇ **掌握抵达情况**

随时掌握并统计抵达的名单和人数，特别要留意因飞机、火车晚点抵达的与会者，避免漏接。

◇ **热情介绍**

与会者到达时，迎接人员应迎上前去自我介绍，并主动与其握手以示欢迎。如果领导人亲自前去迎接重要的与会者，且双方是初次见面，可由接待人员或翻译人员进行介绍。通常先向来宾介绍主办方欢迎人员中身份最高者，然后再介绍来宾。主客双方身份最高者相互介绍后，再按先主后宾的顺序介绍双方其他人员。这种介绍有时也可以由主方身份最高者出面。

◇ **主动握手**

见面、介绍的同时双方要握手。握手是国际、国内常见的礼节。主人主动、热情地握手会增加亲切感。

◇ **安排献花**

对重要的与会者（如知名专家、劳动模范、获重要奖项者）可安排献花，献花必须注意以下几点。

所献之花必须是鲜花，花束要整齐、鲜艳。

对少数民族或者外籍与会者献花要尊重对方的风俗习惯，花的品种和颜色要根据不同的对象来选择。

一般安排少年儿童或女青年献花。如与会者夫妇同时到达，由女少年向男宾献花，男少年向女宾献花。少先队员献花时，应当先敬礼。有时也可由主办方领导人亲自献花，以表示最诚挚的欢迎。

献花一般安排在主客双方见面、介绍和握手之后。

◇ **陪同乘车**

　　陪乘礼仪是伴随宾客乘车的礼仪。迎送领导和与会人员时，有时需要陪同乘车，这时需要注意应首先为客人或领导打开右侧后门，并以手挡住车门上框，同时提醒领导或客人小心，等其坐好后再关门。抵达目的地后，应首先下车，下车后，绕过去为上司或客人打开车门，并以手挡住车门上框，协助上司或客人下车。

31

参会者到达后，
需要服务人员做哪些工作？

◇ **做好报到登记**

会议报到是与会者到达会议活动所在地后办理的登记手续，主要作用在于使主办方掌握实际到会人数，便于会议管理。

会议报到处应设置在会议举办地的显眼处并设置指示标志。报到处一般在大厅等比较宽敞的地方，便于与会者有序进入，又不影响其他人。

在报到处应准备好与会者登记用的笔、纸、票据、电脑等工具，还应提供与会者临时休息的地方及暂时放置行李处。大型会议应多设几个会议登记桌，分组报到登记，减少登记时的拥挤与等待时间。

查验证件主要是检查与会者身份证、会议通知、所在单位的证明或介绍信等有效证件，其目的是确定与会者的参会资格。

会议登记表内容的多少取决于会议主办方需要了解与会者信息的多少。通过会议登记表，会议主办方可以更好地了解和收集与会者信息。会议登记表一般包含以下项目：报到序号，姓名，性别，单位名称及地址，职务，类别（出席、列席、旁听、嘉宾、媒体记者），电话号码，电子邮件，随行人员姓名、关系，登记日期。

◇ 安排与会者住宿

会务服务人员交给与会者住宿房间钥匙，必要时，应引导与会者去其住宿房间。在安排好与会者住宿的基础上，报到时与会者如有特殊需要，在现有条件下尽可能给予满足。

检查与会者身份证、会议通知、所在单位的证明或介绍信等有效证件，其目的是确定与会者的参会资格。

◇ 做好会议签到服务

与会人员在进入会场时一般要签到，会议签到是为了及时、准确地统计与会人数，便于安排会议工作。有些会议只有达到一定人数才能召开，否则会议通过的决议无效。因此，会议签到是一项重要的会间会务工作。会议签到一般有簿式签到、会议工作人员代为签到、证卡签到、座次表签到、电脑签到等几种形式。

◇ 发放会议议程表和日程表

向与会者发放会议议程和日程表，以便与会者了解本次会议的议程和日程安排。

◇ 发放会议简介与会议须知

发放会议简介，向与会者介绍会议的重要意义和作用，同时起到宣传会议的作用。会议组织者应在实事求是的基础上，对会议的意义、影响、作用进行介绍、宣传，不夸大其词，符合会议的客观实际。

须告知与会者需要注意的问题，为大会的顺利进行提供保障。会议组织者必须细致考虑问题，将会议的注意事项毫无遗漏地告知给与会人员，以保证会议顺利召开。

第五章

会议进行中的礼仪

32

会议开幕式有哪些程序？

会议开幕式一般遵循以下基本程序进行。

◇ **签到就座**

签到是举行开幕式的重要环节，既表示对来宾的欢迎，又可以留作纪念。一般用簿式签到。签到簿要美观典雅，体现庄重气氛。来宾较多时，可以多准备几本签到簿。签到用的笔墨也应一并准备齐全。签到处要设在会场入口处。来宾人数较多的，签到处要设在较为宽敞的地方，以免来宾集中到达时出现拥挤现象。在室外举行的，签到处设在主席台的一侧。签到处要设有醒目的标志，并安排礼仪人员接待。一些大型会议的开幕式还要给来宾和领导准备胸带和胸花。

◇ **主持人报告**

开幕式正式开始前，会议主持人首先要向全体代表报告应到代表数、因事和因病请假的人数、实到代表数，是否符合法定或规定人数，能否开会。同时，要介绍每位大会执行主席、参加会议的上级组织的领导和兄弟单位的代表。

◇ **领导宣布会议开幕**

主持人报告完毕后，由会议最高领导或上级组织的领导代表宣布，会议开幕式开始。

◇ **奏唱国歌**

正式的会议开幕式，奏唱国歌是基本程序之一。奏唱国歌前，全体与会者应起立，脱帽，随音乐高唱国歌。注意应与音乐节奏协调。

◇ **领导致开幕词**

开幕词一般由会议主办方的最高领导致辞。

◇ **会议中心报告**

有些会议的中心报告可不安排在开幕式上进行。

◇ **开幕式结束**

由会议主办方或主持人总结陈词，宣布开幕式结束。

33

会议开幕式有哪些主持礼仪？

会议开幕式通常由东道主或主办方主持。主持人应当有一定的身份，通常为低于开幕式致辞人的副职领导担任。

主持人主持开幕式的礼仪规范，除依据程序有序组织进行之外，一项重要的准备工作，就是写好主持辞。

主持辞是主持人据以主持会议的书面材料。特别是主持较为隆重、庄严的大型会议时，会议的进行不仅要严格按照既定的议程、日程和程序，每次举行会议时，主持人还必须依据事先拟定的主持辞主持会议。

主持辞的格式包括两大部分，一是标题。标题主要由会议活动名称和主持辞组成。二是正文。正文部分要依据事先确定的会议议程或程序拟写，按会议的程序用主持人的语言表达出来。每一项程序以自然段落分开，或标上序号。语言要求准确、严密、规范，符合会议的议事规则。

34

在开幕式上致辞有哪些礼仪？

开幕词是大型会议或重要会议的第一项讲话。通常由会议的最高领导致辞。开幕词的主要作用是宣布会议的开始，对整个会议起引导作用。开幕词的基调应以突出会议精神为主，紧紧围绕会议内容，密切联系会议主题。开幕词对会议宗旨、意义、议程只能作画龙点睛的提示，起到提纲挈领的作用，切忌长篇大论，要做到语言简洁，朗朗上口。

◇ 开幕词的三大特点

开幕词是国家机关、企事业单位和群众团体的领导，在重要会议开始时，用于交代会议任务、阐述会议宗旨和介绍会议议程的致辞，其作用在于引导会议顺利进行。

开幕词的特点有三个：一是宣告性。开幕词是会议开始的序曲、标志，开幕词之后，会议的各项议程才能陆续展开。因此，开幕词具有宣告会议开始的特点。

二是引导性。开幕词一般要阐明会议的宗旨、任务、目的、意义等，这对于整个会议的成功召开无疑起着引导作用。

三是鼓动性。开幕词带有期望会议顺利召开的良好祝愿，并通过向与会者介绍会议的议程和宗旨，以激励与会者的参与意识，调动其参与会议的积极性。

◇ **致开幕词的流程**

在称谓上一般使用泛称，以"各位同志""各位代表""女士们、先生们"等称谓开场。

其次，用简短、富有鼓动性的语言宣布会议开始：介绍会议的规模、出席会议的人员情况、会议的筹备情况等，并对会议的召开及与会人员表示祝贺。

再者，说明与会议有关的形势、会议的目的或任务；阐明会议的指导思想、主要任务（议题和议程）、会议的意义，并对会议作出预示性的评价；对与会者提出希望和要求。

最后，用祝愿会议圆满成功的话语作结，如"预祝大会圆满成功"。

35

在开幕式上合影有哪些礼仪？

会议开幕式如安排有合影，一定要在会议召开前，由会议组织者联系好摄影人员，必要时可先请摄影师查看摄影场地。室外摄影时要根据上午和下午的时间确定照相机摆放的方向和位置，并根据当天的天气情况及早提出修改意见。应当画出摄影安排的布置图，对前排就座的领导，应一一写上名字。

开幕式结束后，要有序安排全体与会人员合影留念。集体摄影现场组织的好与坏，取决于现场指挥的正确与否。作为开幕式摄影场的组织者，严格按照方案统一指挥，无特殊情况下不随意改变，以保证研讨会集体摄影活动能有条不紊地顺利进行。

会务人员还要提前收集整理与会人员信息，编印参会人员通信录。在收齐各个与会者的通信方式后，及时安排打印，校对无误后按人数印制、分发，在确保人手一份外，印数还应留有余地以备特殊之需。对因特殊原因未能如期与会的人员，会务人员也应注意收集其个人信息编入通信录，并设法将开幕式合影的照片发到其手中。

36 担任会议主持人有哪些要求？

会议主持人是会议中的重要角色，起着特殊作用，他直接影响到会议的成败。他的职责就是根据会议的性质、目的和要求，按会议议程规定的内容，承担起组织与会人员，完成会议规定的任务，实现会议目标的责任。

一位优秀的会议主持人，对于应付会中的临时状况，应有两手绝活。他需要扮演与会者互动的桥梁，控制讨论方向不致离题，需要刺激与会者进行批判性思考。主持人主持时要打开"第三只耳朵"以发挥功能，下面是会议主持人的基本工作要求。

◇ **准备充分，胸有成竹**

做好主持会议的准备，首先，要明确会议的目的要求，以防偏离会议主题，影响会议的进程和效果。其次，要明确会议的程序，做到心中有数。最后，要明确说什么。最好在会前自己拟订一份主持稿或提纲，到时根据情况现场发挥。除了一些重要会议以外，最好不要按主持稿照本宣科。

◇ **议题突出，宗旨明确**

会议主持人是整个会议的"导航员"。这就要求会议主持人一开始就要讲明会议的议题、开法、要求及与会人员的任务，把会议的目的、要求、内容等情况一一交代清楚。切不可主次不分、轻重不分、内容庞杂、拖沓随意，使与会者无所适从。

◇ **言之有度，把握分寸**

主持会议时，要讲究分寸，说话的分量要适度到位。一是要注意词意上的差别，字斟句酌，确切地表情达意。二是要注意态度和语调的区别，把握分寸，以免引起大家的误会和反感。

◇ **按会议议程进行主持**

这是为了让与会者对要讨论的事项有心理准备，也方便在讨论每告一段落时，检查有无该议而未议的问题。另外，也让与会者对会议议程有清楚的概念，可避免讨论失控。倘若议程表示来不及在会前发给与会者，也应该在会场利用视听设备公开展示。

◇ **协调与会者发言权，尊重少数人的意见**

有时少数人的意见在日后才被证明是对的。主持人要使与会者了解到，即使不同意他人的看法，也要尊重他人发言的权利。主持人的工作就是要在当少数人的意见被压制时，尽可能让他们多发言，毕竟少数人所提出的反向思考，有时对提高决议质量有很大帮助。

◇ **因会制宜，调动与会者的情绪**

主持人能否调动与会者的情绪，直接关系到会议的效果。这是成功召开会议的关键环节。一般来讲，在庄严的会议上，要注意严肃性和规范性；在欢庆会议上，应体现热烈喜庆；在部署工作的会议上，要突出准确性和具体性；在座谈会、研讨会上，语言要尽量自然、实在；在动员会、誓师会上，语言要富有说理性、鼓动性，以提高人们的信心和决心。不同的会议，不同的气氛，需要有不同的语言与之相匹配。

◇ 减少与议题无关的争辩和讨论

无关的争辩指的是，发言者情绪化地让他人承认其想法是错误的，这样就会产生不必要的争端。当这种情况发生时，主持人要立即打断他的发言，说明其争辩的内容与讨论无关，但是若其争论内容没有离题，则可鼓励继续辩论下去，因为这样反而对于判明议题的优劣有正面帮助。

◇ 及时总结会议内容

会议进行时，主持人有必要在讨论每告一个段落时，将结果做一次总结。负责总结的人当然不一定是主持人，可以由会中自愿担任此工作的人来做。此人要系统地陈述讨论过的内容及达成的协议，如有疑义立即修正。总结完毕后，主持人再宣布开始下一阶段的讨论。总结的目的也是使会议能按照既定的方向进行，避免忽略任何有建设性的意见。

主持人要调动与会者的情绪，关键是要靠真情实感来打动听众，靠实实在在的事例来说服听众，靠对与会者的理解和尊重来赢得听众。

37

如何撰写会议主持词？

主持词是会议或者各种仪式的主持人主持会议时使用的文件，具有组织各项活动环节、介绍发言人身份、控制活动进程、确保会议程序的严肃性和准确性、营造气氛的作用。

◇ **主持词的主要内容**

主持词的主要内容一般包括：宣布会议开始，介绍会议的其他主席和主要领导人、主要来宾，报告会议的出席人数，说明会议目的、任务和宗旨，宣布会议议程或程序，强调会议的纪律和注意事项，介绍发言者的姓名和职务，宣布会议的结果，宣布会议结束。

◇ **主持词的写法**

主持词要依据事先确定的会议或仪式的程序来拟写，使主持词与每一项活动程序有机地融合起来。写作主持词需要把握好几个环节。

①开场白。主持人的开场白主要是宣布会议或仪式开始的作用，在未专门安排致辞开幕词的会议中，主持人的开场白相当于开幕词。大型会议活动开幕式由于另有专人致开幕词，因此主持词的开场可对参加开幕式的来宾表示欢迎和感谢，或以简要揭示会议活动的背景和意义，作为开幕式

的引子，要注意语言简明，不可长篇大论，避免后面的开幕词或欢迎词意思重复。

②介绍。主持人要介绍出席会议或主要领导和嘉宾以及每一位致辞人或发言人。介绍时一要做到次序得体，一般按身份从高到低，身份相同时，可按资历高低或先宾后主；二要做到被介绍者的身份、职务、姓名清楚准确；三要做到礼貌，即介绍致辞人、发言人、颁奖人、领奖人时，要用"请""有请"等礼貌。

③小结。每项程序结束后，主持人可作一个简短的小结，阐明致辞、发言或具体活动的意义，对发言者表示感谢。会议或仪式结束之前，可总体概括会议成果，对与会者提出希望和祝愿，也可根据程序安排，导入下一节活动。

在结构安排上，主持词中表达的每一项程序要以自然段落分开，或标上序号。

主持人的语言要根据会议的性质和内容确定表达风格，如法定性代表大会的主持词要求准确、严密、规范，符合会议的议事规则，而节事活动的主持词则可以幽默、风趣、活泼、充满激情！

◇ **撰写会议主持词的注意事项**

①地位附属。主持词是为领导讲话和其他重要文件服务的，不能随意发挥，不能喧宾夺主。因此，在撰写主持词的过程中，从结构到内容乃至遣词造句、语言风格、讲话口气等，都要服从并服务于整个会议，与会议相协调、相一致。

②篇幅短小。主持词的篇幅一般不宜过长，要短小精悍，抓住重点，提纲挈领。而篇幅过长，重复会议内容就会造成主次不分、水大漫桥。

③语言平实。与严肃的会议气氛相适应，会议主持词在语言运用上应

该平实、庄重、简明、确切。要开门见山,直入主题,尽量不用修饰和曲笔。说明什么,强调什么,提倡什么,反对什么,有什么要求、建议和意见,都要一清二楚,一目了然,切忌含糊其辞,模棱两可。

④重在头尾。会议主持词的主要部分在开头的会议背景介绍和结尾的会议总结、任务布置两部分,中间部分分量较轻,只要简单介绍一下会议议程就可以了。因此,会议主持词的撰写,重点在开头和结尾。

⑤结构独立。会议主持词分为开头、中间和结尾三个部分,而且每部分都相对独立。

38

会议主持人如何掌握议程进度，控制会议时间？

作为会议的主持人，应做好充分的准备，完全有效地控制会议的时间。议程是让与会者对要讨论的事项有心理准备，也方便在讨论告一段落时，检查有无该议而不议的地方。另一方面，也让与会者对会议流程有清楚的概念，可避免讨论失去控制。若与会者对议程有疑问，应在讨论开始前排除，以助会议确能照议程进行。

在会议过程中，尽量不要拖延会议时间；发现会议误入歧途或有一些拖延时，会议主持人应立即以最快的速度调整到正常的议程中。会议主持人应给参会者提供一个讨论某项问题的环境。在传达信息时，一定要按照会议的议程进行。会议主持人在会议进程中要善于使讨论归于正题而不受个人意见的争论，不受两人之间的对话或开小会的干扰。

会议主持人要能区别会议中哪些发言对问题的解决确有作用，哪些发言是空洞废话。

会议主持人要善于巧妙地尽可能使参加会议的人，从一大堆资料和随便讨论中引导到意见一致和有共同的认识。

会议主持人要善于把大家的意见简要地归纳一下，以便参加会议的人都能够接受。这样，在会议结束时，所有参加会议的人都能感到在尽可能短的时间内已达到了会议的预定目标，感到这次会议开得非常有效。为了有效地控制会议时间，主持人应注意如下几点。

一是尽量避免讨论与会议议题无关的内容。每次会议都已经计划好了需要讨论的会议议题。会议负责人或会议主持人需要注意控制并限制讨论本次会议没有计划的问题。否则一旦放开，则很难收回，结果不是该讨论的问题没有讨论到就是会议不得不拖延。

解决这一问题的有效办法，一是控制住不讨论与本次会议无关的议题。如在会议上确实发现了很重要的问题需要开会讨论，则可以先记录下来，另行安排一次会议。

二是约定与会者的发言时间。有些与会者发言时口若悬河，滔滔不绝，完全没有时间观念。解决这一问题的有效办法是：会议正式召开之前就和与会者约定好发言的时长，让大家在发言之前都做到"心中有数"。

三是及时提醒发言者。对于某些"健谈"者来说，仅仅约定好发言时长还远远不够，因为他们谈兴正浓时，根本就将时长约定抛到了"九霄云外"。如果不及时提醒发言者，他们则很可能会占用过多的会议时间，从而影响会议的效率。解决这一问题的有效办法是：在与会者发言时长过半时提醒一次；到与会者发言时长还剩两到三分钟时再次提醒，以便让发言者利用剩余的时间总结自己的意见、建议和观点。

准确控制会议的节奏是主持人的一个重要任务。始终要保证有一个议程且按照议程进行，并且既能让发言人有充分的时间讲述他们的论点，又不会使会议超过预定时间。

39

会议主持人如何巧妙提问？

作为会议主持人，在主持会议时不可避免地要发问。是否善于发问，是一种主持会议技巧的体现。会议上发问有几点需要注意的问题。

◇ **发问之前先拟订腹稿**

事先确定发问的范畴与发问的主要内容，将有助于发问效率的提高与发问效能的发挥。

◇ **选择好问句形态**

多用"开放式问句""澄清式问句""探索式问句"，慎用"封闭式问句""含第三者意见的问句"，避免使用"引导式问句""强迫选择式问句"等。

◇ **注意发问的时机与语速**

主持人应注意对话者的心境，在他适宜答复问题时才发问。太急速的发问容易使对话者感到不耐烦；太缓慢的发问容易使对话者感到沉闷无聊。

◇ **尽量使用不指名答复的问题**

即所谓的"凌空式问题"。因为这种问题等于向全体与会者发问，可使全体与会者皆参与问题的讨论。

◇ **必要时，可以使用指名答复的问题**

即所谓的"瞄准式问题"，向特定的与会者发问。这种问题的缺点是：不被指名答复的人，可能抱事不关己的态度而不参与问题讨论。使用这种问题时，应先叫发问对象的姓名，然后再予发问。先叫发问对象的姓名，等于给他一个预告，使他全神贯注听取主持的发问，以便作出有效的答复。

◇ **应尽量由广泛的问题，移向特定的问题**

这样做将有助于节省沟通的时间，因为与会者在答复广泛的问题之际，可能已提供了某些特定问题的答案。

◇ **应尽量根据对前一个问题的答复构造问句**

这样做有两个好处：一是可以使与会者按同一思路提供答复；二是可以使与会者确切了解他的答复已被主持人听取，这无形中对他是一种鼓励。

◇ **发问后，应给予足够答复的时间**

答复者通常要历经四个阶段，才能对主持人的问题进行答复。第一，先搞清楚问题的内涵；第二，思索答案；第三，对答案给予适当的措辞；第四，考虑主持或其他与会者可能产生的反应与评价。为了填补发问与答复之间的时间空当，主持人可在这段时间内将问题扼要地写在黑板上。

◇ **对答复者的答复应表示竭诚的欢迎**

主持人可透过身体语言（如颔首微笑）或口头语言（如"嗯！是的！"）表示欢迎。可将答复者答复的重点扼要地写在黑板或白纸上，表示欢迎。

40 会议中突然冷场怎么办？

所谓冷场，是指全体与会者的不语，而不是少数人的沉默。冷场对会议进程的影响是不言而喻的。冷场在会议中出现，往往不是个别现象，究其原因，也是十分复杂多变的。冷场的出现总会不利于会议的正常进行。

当会议进行中出现冷场时，作为主持人或组织者应沉着应对，主动引导，以各种有效的方式活跃会场气氛。

一是要了解冷场的原因，是会议中的议题过于敏感还是会议参加者的人际关系问题，都要迅速查明。

二是可以适当转移话题，让大家放松一下，然后及时引导与会者走上会议主题的正轨，延续会议的讨论。

三是可以主动带头发言，在发言中要改变讨论的形式，允许与会者提问插话，允许与会者质疑，让会场充满民主气氛。

四是点名指定与会者发言，并适当予以肯定和鼓励。对发言中不恰当、不准确的内容，不要急于纠正，让大家在讨论中适当予以回答。

五是对会议中意见争执较大，对立情绪激烈的话题，可以暂时搁置，随会议进程的发展适当加以调整，并及时向上反映。

六是对确有压制反对意见、干扰会议进程的参会者，可以临时叫出个别谈话，既严肃指出其问题，又要批评其不当之举。

总之，会议主持人应当面对现实，分析原因，讲究方法，有的放矢，对症下药，因势利导地克服和消除会议中的冷场。不管是由于何种原因导致的冷场，都应有耐心、细心，不要简单、粗鲁。更不要以点名的方式来简单行事，否则其结果可能会适得其反、事与愿违。

41 会议讨论中偏离了会议主题怎么办？

为了防止会议"跑题"，科学、合理地界定会议角色十分重要。所谓"科学""合理"，就是使与会者会议角色分配明确，与会责任清楚。这在每次会议之前就要依据会议议题确定下来，各个议题何人主讲、何人补充，使其早作调研、发言准备，使会议人员各司其职、各得其所、言而有备、言之有物。应当说，会议角色分配越明确，与会责任越清楚，违反《会议议事行为规范》"跑题"的情况越少。

扭转会议跑题现象，需要讲究技巧。比如，可以接着讨论中的一句贴着议题边缘的话，顺势向着议题讨论的方向引申一下，使讨论回到议题上来；也可以以时间不多了为由，直接提出新的问题，以扭转离题。

在离题现象上，还时常碰到琐事占据会议大量时间的情况。这种琐碎事情，可以认为是议题范畴以内的。但它是与会人员敏感的细小事情。对这种事情与会人员往往兴趣大，有些人一定要纠缠个水落石出，而把有重大影响的、不那么紧迫的议题却推到次要位置去了。对此，会议主持人要清醒，不能因为还没有从根本上离题而不去处理。在具体处理这种偏离议题中心的情况下，会议主持人可以自己发言去直接引导，也可以对小事直接表述，快刀斩乱麻地解决问题，以摆脱此类琐事的干扰。

会议跑题现象的发生，还有另一种原因，就是时间安排过于宽松，会议议题过于空泛,由此造成与会者发言时无法深入下去,或是无话可说,或是该说的都说过了。这时作为会议主持人或组织者,应适当调整时间,将议题细化,或是马上进入新的议题,以有效纠正跑题现象。按照中央要求,转变会风的一项重要内容就是开短会、开实会。这也是防范与扭转会议跑题的重要举措。在组织会议时应特别加以注意,以保证会议质量。

42

会议中发生争执与分歧如何化解？

主持会议时，经常会遇到各种意见分歧，有时甚至是激烈的争执，对此要认真分析，区别不同情况和类型，运用恰当的方法冷静处理。

◇ **工作意见分歧和争执的处理**

应当看到，这种分歧和争执，一般不涉及与会者本身的利害关系，但是不注意引导，也会使双方产生思想隔阂以至影响团结。而对这类性质的分歧，主持人首先要把与会者的分歧意见归纳条理化，引导大家分清争论的焦点、各方意见的利弊，把讨论引向深入。对一些没有必要争论或无须完全统一的争论，应及时终止。必要时主持人可以根据双方意见的优劣作出决断或结论。

◇ **"偷换论题"引起的争执的处理**

这是由于争论的一方或双方没有准确理解对方的观点，出现误解而引起的争执。对于这种情况，主持人应弄清争执的原因，纠正一方或双方理解上的误差，引导双方针对同一个问题从同一个角度或侧面深入讨论。

◇ **由于人际关系紧张引发的矛盾的处理**

在会议上，据理力争是正常的。但若出现争吵、发生纠纷则是不应该的。如果因双方平时有矛盾，借会议公开场合含沙射影，发泄对他人的不满，从而引起相互间的争执，并有可能发生人身攻击。这时，主持人必须尽快制止这种争吵，可以示意涵养高的一方暂时让一下，或利用主持会议的权威暂时压下去，等会后再做具体处理，必要时应对不正确的一方给予批评。

◇ **主持人与到会者之间的争执的处理**

当主持人的意见遇到个别人反对时可能会发生争执，当批评某人时，被批评者不服也可能会发生争执。无论上述何种情况的争执都会直接影响会议的进展，对方在气头上容易使主持人尴尬难堪。在这种情况下，主持人应保持冷静头脑，尽可能不与对方直接冲突。对于有理智的对方，在不影响会议主题的情况下，可以阐明自己的观点，讲明道理，使对方信服；对于不理智的对方，应暂时停止争执，是非问题放在会后解决，使会议正常进行。

当会议中出现分歧，发生争执时，会议主持人引导好了，则有利于集思广益，反复比较，多方论证，从而提高决策的正确程度；若处理失当，就会影响会议的正常秩序，使会议不能达到预期的目的。为此，会议主持人应当正确对待，妥善处理，化不利因素为有利因素。正确对待和处理好不同意见，就是要求主持人在主持会议过程中，要有思想准备，能够广纳会议中的不同意见，妥善处理好会议中的不同意见。

◇ **主持人制止干扰会议者的技巧**

会议活动中难免有干扰会议正常进行的现象，需要及时制止。这种制止不是平时的个别相互交换意见，可以充分地说明情况、原意、该怎么对待、怎么做，等等，仅几句话就要起作用。这种制止，是为了让会议更好地进行，让当事人更积极更活跃地参加会议讨论。这种制止不仅影响当事人一人，而且要向着眼前的全体与会者；既要考虑当事人的反应，更要注意对其触及的情绪造成的影响及后果。所以，会议主持人对会议进程中的不良现象进行制止是一种技巧。

会议主持人对会议不良现象的制止应尽量避免同与会者发生正面冲突，因为一旦出现这种情况，会议就再没有办法协调了；应尽量使受批评者感到不是批评，而是鼓励；应使与会者体会到主持人是从主题出发，真正维护会议的目的。所以，会议主持人对某种不良现象的制止应尽可能是因势利导的、间接的。比如，当制止某些人观点偏颇，把会议导向歧途时，可不评论其观点，不讲其观点的危害，而只是强调正确的观点；当要制止某人小声说话时，先注意其说话内容，将说话中与会议有关的内容点出来，鼓励其在会上发言。

43

主持人如何做好会议总结？

大部分会议议程的最后议项是其他事宜，这就为与会者提供了一个机会，提出会前未曾预料到的问题，如在讨论中引出的一些观点。与会者有时会策略性地应用"其他事宜"向会议提出有争议的问题，或引入惊人的或未曾预料到的项目。作为主持人你必须决定是否允许这么做。你可以允许讨论，也可以就提出的问题进行表决，还可以将这个问题列入下次会议的议程，以便在做出决定之前能够进行充分的讨论。

当议程上的全部事项均已讨论过，并一致同意采取必要的行动时，主持人该履行其结束会议的职责了，确保全部决定均被正确记录，并且所有后续程序均在动议中立项。

一旦会议讨论完所有事项，就扼要说明所做出的每一项决议，并总结与之相关的讨论。你可以根据你的判断，通过给予讨论的每个事项不同的重要性来平衡会议。例如，若议程上最不重要的事项引起了最长的、最激烈的争论，那么在你的总结中就应少提这部分内容。

在结束会议之前，作为主持人，需要为整场会议做总结。在任何一场会议里，令与会者印象最深刻的，便是会议结束前几分钟所听到的话语。

◇ **会议总结的内容**

主持人的总结内容最好能够涵盖下列四项。

①复述这次会议的目标。

②总结这次会议所取得的成果。

③多谢与会者参与（或在适当场合下，感谢他们的贡献或关注）。

④在必要的时候，宣布下一次会议的目标、时间及地点。在上述总结性的陈述之后，与会者在离开会场之际，才会真正领受到成就感或贡献感。

◇ **会议总结的方式**

会议的总结方式相当重要，既要符合会议的气氛，又要符合参加者的心理。主持人精要的总结，可以再次鼓动在会者的情绪，提高会议讨论的质量。主要方法有以下三种。

①归纳法。把会议的主要成果提纲挈领地概括出来，加深与会者的印象。

②启下法。用在本次会议中提出而还未得到解决的问题作启发，为下次会议作铺垫。

③鼓动法。用鼓舞人心的话语作总结，以强化会议精神。

44

领导者在会议上讲话如何拥有一个精彩的开场白？

领导者会议上发表讲话，首先要有一个精彩的开头语。开头语也叫开场白，是讲话的开始。俗话说"良好的开端，是成功的一半"。领导者会议讲话中有一个引人入胜的开头语，是获得成功的第一步。如果开始就平庸冗长、啰啰唆唆、空话连篇，就会使听众觉得乏味，就会影响听众的情绪，使他们不能集中精力往下听。因此，领导者作会议讲话必须重视开头语，精心构思和组织好开头语，力争先声夺人，一开始就把听众吸引住。

关于开头语的技巧，作家高尔基曾说过："最难的开头语，就是第一句话，如同音乐一样，全曲的音调，都是由它定的。一般要花较长的时间去寻找。"第一句话是最重要的，其作用如同音乐的基调。开场白有开门见山型、阐明背景型、幽默型、引用型及悬念型等多种形式。不管采用哪种形式，要抓一些带根本性、倾向性和普遍性的问题，抓住听众心理，或讲故事，或讲幽默，或设问，或讲客套话、祝贺语等。总之，要简短精辟，少拖泥带水，迅速转入正题。

◇ **开门见山型**

开门见山型开头语即一开始就用高度凝练的语言把讲话的基本目的和主题告诉听众，引起他们想听下文的欲望，接着在主体部分加以详细说明和阐述。这是一种直截了当的手法，立即进入正题，不迂回，不啰唆，不要任何多余的赘言和楔子。

◇ **阐明背景型**

这种开头就是把讲话的原因或者背景交代给听众，让听者一下子就明白为什么要讲话，讲话的理由是什么；或者说明讲话的背景及在这种背景下讲话的初衷。用这种方法开头平常、自然，很少有波澜，似无标新立异之嫌，但也是平时人们使用最多，也最好把握的一种形式。

◇ **回顾历史型**

回顾历史型的开头，首先将听众拉到历史记忆中，以历史的某个时刻某个片断，作为自己讲话的引言。这种方法开头，能够迅速引起听众的注意，引起人们的怀旧情绪，从而迅速抓住人，牵扯着听众留心自己下面要说的话。

45

在会议上讲话
如何做到言之有物？

领导者作会议讲话，应当具有充实、丰富的内容。只有内容充实、丰富，例证详细，才能为与会的听众所接受。一般情况下，对领导者的工作报告等会议讲话，有以下几方面的基本要求。

◇ 把握中心

领导者的工作报告不是照本宣科，难免带有水分，有时会插一些题外话，有时会发现已讲过的某个问题有点遗漏，需要临时补充，这样就容易杂乱。作为一个善于作工作报告的领导者，应时刻把主题牢记在心，不管怎样加插，不管转了多少个话题，都不偏离说话的中心。

◇ 言之有序

领导者的会议讲话不能靠材料堆积吸引人，而要靠内在的逻辑力量吸引人，这样才有深度。与写作相比，说话是口耳相传的语言活动，没有过多的时间让听众思考，所以逻辑关系要更为清晰、严密。话语的结构要求明了，善于提出问题、分析问题、解决问题。观点和材料的排列，要便于理解、记忆和思考，所以要较多地采用由近及远、由浅入深、由已知到未知的顺序安排。当然，时间顺序最好按过去、现在、未来进行安排，这样容易被听者记住。

◇ 连贯一致

在领导者的会议讲话中,内容连贯非常重要,它直接影响到报告的展开,不能一开口就"噌"地冒出一句让人摸不着边际的话。同时,报告内容多层意思之间过渡要灵活自然;报告的结尾要进行归纳,简明扼要地突出主题,加深听众的印象。

◇ 要言不烦

与主题无关的废话,言之无物的空话,装腔作势的假话,会让听众极为厌烦,一定要去除。领导者在会议讲话时应当注意在句式变化的同时,多用短句少用长句。长句能够表达缜密的思想、委婉的感情,能够造成一定的说话气势。但是其结构比较复杂,句子长,如果停顿等处理不好,不但说话者觉得吃力,就是听话者听起来也不易理解。而短句的表达效果简洁、明快、活泼、有力。易说易听的短句更适合于在交谈、辩论、演讲等重要场合使用。

◇ 逻辑性强,讲话内容层次分明

领导者的会议讲话报告要让人听明白,就必须做到层次分明,条理清楚。讲话的思想内容要有一定的次序和步骤,先说什么,再说什么,最后说什么,都要有一个总体的设想。严密的逻辑主要表现在以下几个方面。

①层意不能重复。领导者讲话的内容有好几层,或者有好几个部分,每个层次或部分都有相对完整的独立性。有些领导者在讲话中经常出现这个毛病,同一个问题在不同的地方都讲到,给人一种重复的感觉。

②层意不能矛盾。讲话的各层所表达的意思虽然不同,但都应是在总

论点或主旨统帅下的层面，各个层面都是从不同的角度说明总论点或主旨的，不允许有与总论点或主旨相抵触、相矛盾的层面存在。

③层意逐步深化。在讲话中，后一层意思要比前一层意思向前发展，表现出一种由分析到综合，由现象到本质，由表及里，由近及远，渐进发展的逻辑关系。如果违背了这些逻辑顺序，就会给人"乱作一团"的感觉，直接影响讲和听的效果。

◇ 运用准确精练的语言精辟概括

领导者的会议讲话，应当精辟简练，不拖泥带水。领导者应当善于概括，善于把大量琐碎的事物，用高度凝练的语言，概括成简短的话语。概括能力是领导干部应具备的基本能力之一。概括的方式有以下几种。

①纵向概括。即按照时间或先后顺序，把一些零散的事实材料，提纲挈领地归纳概括成几种或几点。

②横向概括。按照空间顺序，把横向的一些零碎的、分散的、复杂的事实材料，进行科学分类，归纳概括，使其条理和层次清晰，便于记忆。

③理论概括。即对大量具体事例进行分析研究，从理论上进行归纳概括，从而得出带有本质性、普遍性、规律性的结论。领导者工作报告中的"概括"需要做到语言"准确""精炼"和具有"针对性"。所谓准确，就是说报告中不讲大话，不违背客观事物的本来面目。同时，要根据不同的听众，挑选精当的语言，讲清说透。而语言的真实性主要表现在两个方面，一是讲的事必须真实，不能颠倒黑白；二是要讲出听众的肺腑之言。

领导者讲话的语言不仅要准确，而且还要精炼。不要啰唆重复，冗词赘语，那样不但显得多余，而且还会带来诸多害处。

46

如何使会议结束语精悍有力？

领导者会议讲话的结束语同开头一样重要，好的结尾，能给人余音绕梁、回味无穷的感觉，也可发人深思，催人奋进。领导者会议讲话的结束语，一般是综合归纳讲话的内容大意，提出希望、要求，鼓舞号召听众行动起来，按照报告中阐述的道理和要求去做。结束语总的要求是：精悍有力，调子高昂，充满热情，这样才能振奋精神，鼓舞斗志，发挥巨大的鼓动力量。结束语从内容上说要注意两点：一是要综合归纳全篇讲话的内容，作出肯定性结论，使听众对讲话全文有一个完整、深刻的印象；二是要有鼓动性和号召力，给听众进取的信心和奋发的力量。

会议讲话结束语多种多样，通常采取以下两种方式。

◇ **总结式结束语**

即在讲话结束时，对前面所讲的内容进行提纲挈领的归纳和总结。

◇ **号召式结束语**

即在讲话结束时，运用极富鼓动性的言辞，或提希望，或提要求，号召人们去努力行动，完成会议任务。

结束语的形式尽管很多，但不管采用什么形式，都必须以简短有力的语句，总结报告全文的主旨，发出有力的号召。

讲话贵在适可而止。当止不止，白费力气。当讲话因种种原因需要中止时，你仍然滔滔不绝、按部就班地讲个不停，必然引起听众反感。这时，你应设法立即中止讲话，这样会得到听众的理解和好评。

47

与会者参加会议前需做哪些准备工作？

与会者是否做好充分的会前准备，直接影响会议的效果，所以，作为会议的与会者，应做好如下准备。

◇ 认真了解会议的议题

作为与会者，很有必要充分理解会议议题，如果通过会议通知无法了解，请与会议组织者或召集者提前沟通。然后在会议议题和目的的基础上，考虑自己在会议中将发挥的作用以及如何发挥作用。

◇ 准备好参会所需的资料与物品

出席会议前要把该做的预备工作都做好，如准备好参会所需要的资料，特别是需要向会议提交的资料、做会议记录的笔记本、笔等。会议中不要随便向别人借东西，以免打扰别人。

◇ 注意参会者的着装与仪表

作为参会者，要做到衣着整洁、仪表大方。衣着以上班服装为主，穿着打扮不可过于随便，而且要根据会议场合、具体情况而定。如果是隆重的会议，或是涉外会议，着装上更要规范，有制服的要穿制服，没有制服的至少不要穿休闲装、运动装参会。

◇ 拟定好会议中的发言

  如自己被要求在会上发言，还要准备好发言稿。拟定自己的发言稿前要做好以下工作。一是收集信息。会前进行一些基本的背景分析，通过背景的分析，展开对会议议题的理解，同时了解与会者中有没有矛盾的立场或观点。二是确定自己的观点。倘若你的观点可能会受到其他与会者的反对，应事先做好预案。

48

参会者在会议中需注意哪些礼仪细节？

作为一名与会者，你不仅是会议的听众，也是全程的参与者。在参加会议的时候，需要注意如下几点。

一是尊重每一位发言者。尊重与会的每一个人，尊重他们的每一次发言，不管你对他们的想法有何看法。不要对个别发言者有任何个人或职业的偏见，因为这会使你无法听到他们可能提出的好观点。始终有礼貌地倾听发言者的观点。尊重是相互的，你对他人的尊重也会赢得他们对你的发言的尊重。

二是集中注意力。会议进行期间，要认真听取报告或他人的发言，做好记录，这对深入体会和准确传达会议精神有很大的帮助。

三是随时掌握问题的焦点。在会议过程中，虽然可能枝节丛生，但你应该留心问题的焦点之所在，以免偏离主题。

四是不要在别人发言的时候交头接耳、随意走动、看书、抽烟、吃零食、睡觉、玩手头的东西等。即使对发言人的意见不满，也不可以有吹口哨、鼓倒掌、喧哗起哄等失礼行为。

五是拒绝与邻座者的私下交谈。有时你会碰到喜欢私下交谈的邻座，这个时候，最好是友好地向他表示你对讨论中的主题很感兴趣，并展示凝神倾听的姿态。

六是不要中途离席。当你重返会场,很可能重要的问题已经讨论结束,或是重要的契机已经消失。有些中层领导喜欢在会议中离席处理业务,这是一种很坏的习惯,不仅有失礼貌,还会错失良机。

此外,在会场上要把自己的手机关闭或调成震动状态。

在会议中的大声喧哗,或在大众面前打哈欠,频频看表,坐立不安,都是极不礼貌的行为。

会议中尽量不要离开会场,如果必须离开,要轻手轻脚,不要影响发言者和其他与会者。如果长时间离开或提前退场,应该和会议组织者打招呼,说明理由,征得同意后再离开。

49

如何做好会议记录？

会议记录可以作为会议情况和会议内容的原始凭证。当时过境迁，会议记录还可以成为一个部门和单位的历史资料。会议记录必须简明扼要，语言精练概括，内容全面、条理清晰、主次得当。撰写者必须准确理解会议宗旨，把握会议的精神实质，并贯穿于纪要的始终。要求准确、完整而清晰。

会议记录一般可分为两部分：第一，简述会议情况，包括会议的时间、地点、与会人数、会议目的、讨论结果等；第二，阐述会议的主要精神、所讨论的主要问题、做出的决议等。这是会议记录的主体部分，往往要对会议的原始记录进行提炼、选择。

会议记录的具体要求如下。

一是应当完整记录会议的时间和地点、与会的主要领导、会议的主持人。

二是与自己有关的决议与会议要求，特别是需要自己参与执行的任务，一定要记好要求完成的时间、完成标准、汇报人以及合作人。

三是在会议上自己的灵感和体悟。一次成功的会议一定会给参会者带来很多启发，包括工作上的和生活上的，还有关于社会、人生的，这些感悟如果不记录下来，很可能稍纵即逝，再也想不起来，即使再想起来，也已经过了能对你起帮助作用的时期。

还应注意的是会议记录是在自己积极参与、主动思考的前提下做出来的，切忌流水账般罗列每个人都说了什么，这样不仅使会议记录失去意义，还会严重影响你参会的状态——会议不仅让你去听，还是思想、观点的提出与碰撞的场所。

50

作为参会者，如何在会议上恰当地发言？

会议发言有正式发言和自由发言两种，前者一般是会前安排好的发言，后者一般是讨论发言。正式发言者，应衣冠整齐，走上主席台应步态自然，刚劲有力，体现一种成竹在胸、自信自强的风度与气质。发言时应口齿清晰，讲究逻辑，简明扼要。如果是书面发言，要时常抬头扫视一下会场，不能低头读稿，旁若无人。

在发言的过程中，要注意与会者的反应。当会场中人声渐大的时候，标志着应该尽快结束了。发言完毕应向全体与会者表示感谢。

如果有与会者对发言人提问，要礼貌作答。对不能回答的问题，应机智而礼貌地说明理由或者避开，对提问人的批评和意见应认真听取，即使提问者的批评是错误的，也不能失态。

要注意运用适当的身体语言，以让自己的讲话更容易被与会者接受。千万不要摆出双手紧握或双臂交叉胸前的防卫姿势。为了能使自己的讲话内容被听众理解，不要摆出说教式的动作，也就是那些指指点点表示强调、坐在台前交叉握双手、手指撑出一个高塔形状的动作，这些动作是骄傲自大的表现。

不论所讲的主题多么严肃，偶尔的微笑，用眼睛不时有意地环视会场上的每个人。既显示自信，又说明重视会场上的全体与会者。

发言完毕，应对听众的倾听表示谢意。

自由发言则较随意，应注意发言要讲究顺序和秩序，不能争抢发言；发言应简短，观点应明确；与他人有分歧，应以理服人，态度平和，听从主持人的指挥，不能只顾自己。会议参加者应衣着整洁，仪表大方，准时入场，进出有序，依会议安排落座，开会时应认真听讲，不要私下小声说话或交头接耳，发言人发言结束时，应鼓掌致意，中途退场应轻手轻脚，不影响他人。

在会议上发言，要做好充分的准备，态度要谦逊。发言内容要做到中心突出，材料尽量翔实。讨论问题时，态度要友好，不要随意打断别人的发言。

51

会议发言时，如何清晰地表达自己的观点？

精准的表达几乎是每个人的追求，下面将通过会议发言的四个关键点，帮助你掌握会议中的精准表达。

◇ **建立自信**

自信的建立是一个循环的过程。从一开始就表现出十足的自信，与会者就会认为你准备充分，而且有足够的能力解决问题。这样的信心又会反过来传达给你。一旦你感受到其他与会者对你的信任，你的信心还会增强。

第一印象很重要。开场白应当反复练习，因为你可能只有一次发言机会，所以要一次成功。当表达有误时，应立即纠正，这样其他与会者就会察觉到你十分了解你正在讨论的主题。

◇ **金字塔思维**

如果说会前的发言准备是一个自下而上的归纳总结过程，那么，会上的发言，就是一次自上而下的分解表达过程。这时一定要运用金字塔的思维方式，控制表达思想的顺序，才能传递给与会者清晰的观点及其逻辑关系。

由于与会者的大脑只能逐句理解作者表达的思想。他们会假定一同出现的思想在逻辑上存在某种关联。如果你不预先告诉他们这种逻辑关系，而只是逐句地表达你的思想，与会者将会对你表达的元素进行重新归类组合，以便了解各个组合的意义。但是，由于人们的知识背景和理解力千差万别，他们很有可能会认为某两种观点或元素之间根本没有任何联系。

金字塔思维是一种结构性强的思维方式，学会用这样的思维来组织语言表达，既有助于个人的分析，又有助于听者的理解。所以，在发言的时候，首先要提出总结性的观点，然后再表述这个观点具体包括几大点，每一点又包含几方面内容，如此由上至下表达。在发言时，你也必须提前把这种结构告诉与会者，否则，与会者很可能会发现不了你期望的逻辑关系，这样既是在浪费你的时间，也是在浪费大家的时间。

◇ 防止打断

在有的会议中，你可能只有一次机会参与发言，所以必须精心准备，只有这样，在发言时才能全神贯注，简洁有力，这是防止被他人打断的基础。

如果有人试图打断你或阻止你提出你的看法，你还可以盯着他们的眼睛，提到他们的名字以引起他们的注意，并告诉他们，你尚未结束发言。如果他们仍然坚持，你可以通过主持人寻求支持。

避免和打断你发言的人理论，因为如果你要理论，你要迅速组织语言进行反驳，这会中断你的发言和思路，导致你接下来的发言无法正常进行。

◇ 随时调整

发言过程中，你还要留意其他的与会者的需求，从他们的眼神、动作及其他相关表现中，寻求他们对自己观点和表现的反应，并随时调整自己的发言重点。如果发现他们对某一部分感兴趣或者表现出强烈的怀疑，就要对这一部分着重说明；如果某一观点并未引起在场人员的反应，那么你就要尝试调整这一部分的表达方式，或者取消该观点的表达。

52

参与会议讨论时应注意哪些礼仪规范？

与会人员应主动地参与讨论，相互取长补短、以求得共识。禁止哗众取宠或玩世不恭。

◇ **大胆提出疑问**

对有疑问的地方及时、大胆地提出，这也是参与讨论的一种常见形式。个人解决不了的，说出来大家相互帮助、消除偏见、求得共识，议题也会在这个过程中得到更好的讨论。当然，如果总出现大家都知道而只有你不懂的事情，就要在会后自己找原因了。

◇ **善于提问**

提问是会议中常见的方式，也是最重要的方式之一。不适当的提问不仅会影响会议的顺利进行，还可能挫伤与会者的积极性。所以，注重会议的提问方法和提问技巧是必要的，有助于达到提问的预期目的。

提问的方式有：间接提问，即不指名道姓，面向全体与会人员提问；直接提问，即指名道姓地向特定的人发问。

提问时应该注意的问题：使用正确的语言；提问的问题要反映会议的主旨；要提出引人深思的问题；语气要亲切；提问的问题应便于回答；提

问应说明问题的重点。

◇ **避免感情用事**

发言人的辩论是正常的，不正常的是感情用事，很可能让会议陷入无谓的争论中。如果有感情用事的情况出现，会议的组织者或主持人应该立刻提醒，如果提醒没有效果，就要把他或他们驱逐出会场。

会上的私下议论，只会引起纷争和相互不信任。主持人一定要杜绝"小会"，保证与会者一次只听一个人讲话。若是个别人私下说个没完，会议主持人应作适当提醒，予以制止。

第六章

会议举行中的服务工作礼仪

53

如何安排会议用车？

会议交通服务就是对会议车辆进行科学调配，以保证会议用车的工作。大型会议与会者的住宿地和会场一般都不在一起，因而会议的交通保证是一项重要工作，它直接关系到与会者的集体活动、会议组织的工作需要，应引起会议工作人员的高度重视。会议交通服务是办会工作的一个重要环节，这就要求会议工作人员要做好这项服务，掌握其中的礼仪细节。

◇ **对会议用车类型、数量的确定**

会议用车的类型、数量应根据与会者人数的多少、级别等来确定。车辆的配备，应明确其类型、状况、容量等具体情况。用车之前，应对所配车辆进行严格检查，确保其正常、安全。

◇ **会议租车**

如果会议主办方的车辆不够，就需要向另外的单位借或租用车辆和司机。租车时应注意以下几方面。

①预订车辆最好提前一到两天，预订周末的车辆需要提前两到三天。

②用车天数应定为最少天数，如不够用，可在还车时间之前打电话续租。

③前去租赁公司提车时，需带齐所有证件的原件。

④签署车辆租用合同前应仔细浏览合同的内容后再签字。

⑤在发车、还车、验车时应仔细查看,确认无误后再签署单据。

⑥万一发生事故,应尽快通知相关部门。一定要有交警的事故判定书,这是保险理赔所必需的证明。

◇ **对会议用车的合理配置**

每类车的用途、接载对象都要明确,用车能固定的尽可能予以固定,如确定某一小组乘坐几号大车,哪几个人合用一辆小轿车等,这样既可以防止出差错,也方便与会者。

54

如何配置会议用车的相关人员？

◇ **安排优秀的司机**

会议期间，司机和与会者接触较多，司机的驾驶水平和服务态度是会议交通服务质量的重要体现。因此，会议主办方在选择司机时除了考虑司机的专业水平外，还要考虑司机的综合素质。

◇ **必要时配备随车人员**

会前接待、会后欢送、临时集体性的会议外出活动过程中的交通服务，单靠司机一个人是不能照顾周到的，这就需要配备随车的接送人员、服务人员、陪同人员等。这些人员除了完成接送、服务、陪同工作之外，在车辆行驶、停放等方面也应配合司机，做到安全、细致，让与会者舒适、满意。

◇ **对司机和随车人员的培训**

会议主办方需要对司机和随车人员进行适当的培训。主要内容有：

①接待和欢送与会者的礼仪与注意事项。

②各项保证交通安全的制度规定和具体方法。

③应对各种突发事件的方法。

④工作人员如何相互协调配合。

55

会议用车的停放有哪些礼仪规范？

◇ **停车场的准备和筹划**

　　大中型会议应准备足够的停车场地。在考察停车场地时，应着重考虑以下问题。

　　①该停车场安全程度如何？停车场什么时间开门及关门？

　　②停车场能容纳多少辆车？能否为与会者专门划出停车区域？

　　③有贵宾专用的停车区域吗？能容纳多少辆车？

　　④停车费用多少？能预付吗？如果不是预付停车，那能否争取到优惠？

　　⑤该停车场附近，有没有影响交通流量的因素？在会议的同一时间，有没有其他会议或活动在举行？它们什么时候开始和结束？

　　⑥在与会者大量抵达和离开的时候，停车场能有多少人员值班？

　　⑦轮椅能在停车场自由出入吗？如果不能，哪些地方可以自由出入？

　　⑧如果有媒体参加，他们的车及设备应放在哪里？

　　⑨会议主办方工作人员在哪里停车？

◇ **会议车辆停放的指挥管理**

　　①指挥车辆停放的原则。如果与会者人数较多，或开会场所的停车场比较拥挤，会议主办方要安排专门的交通人员来指挥交通，以避免争先恐后、

乱成一团的现象。如果与会领导者的级别较高，或嘉宾中有受大众追捧的明星人物，为维持交通秩序，还应请公安部门予以协助。一般而言，指挥车辆停放应坚持五先五后的原则，即：先外宾，后内宾；先小车，后大车；先重点，后一般；先车队，后单车；先来停近，后来停远。

②根据不同情况指挥车辆停放，通常有以下三种情况：第一，停车场地宽阔。这时可指挥车辆先进入停车场地停车，然后再让与会者下车。第二，停车场地狭窄，应指挥车辆先在会场门前停车下客，待与会者下车后，立即指挥车辆到指定地点停放。第三，活动场所门前不便停车，而又需迎接首长、外宾的车，应先在活动场所附近为首长、外宾的车准备临时停车地，待首长、外宾下车后，再指挥车辆到指定停车场停放。

③车辆停放的方法。根据停车场情况，车辆停放主要有以下五种方法：

首尾相衔接，纵列依次停放。适用于车辆停放集中的大车队以及领导、贵宾的小车队等。可以利用道路停车，能够保证车辆在散场时依次离开。

齐头平列，单横排停放。适用于小型轿车集中来、分散走，或分散来、分散走的各种晚会、展览会等。有条件的停车场地应首先考虑采用这种方法，因为其不仅便于随时调车，停车也安全、迅速，便于集结和疏散。

斜排停放，即车头向着去的方向斜排停放。这适用于停车场地狭长，又紧靠建筑物的场合，或在道路两侧停放时也可采用这种方法。

方阵停放，即车辆横置数排成行停放。这适用于集中来、集中去的大型会议。在车辆多、场地小或场地短而宽的情况下，常采用这种停放方法。

主要领导和贵宾的车辆单排，与一般车辆的停放地分开。

应尽量争取缩短停放时间，争取一次性停好，集结快、疏散方便。

在进行会议车辆停放的指挥管理时，应根据会议的性质和规模，充分估计车辆情况，预先控制所需场地，按照"分类停放、保证重点、照顾一般"的原则，划分停车区域，确定停车办法，制定来去的行驶路线。

56

安排会议住宿有哪些基本要求?

会议期间的住宿安排是一项相当复杂又耗时的工作,记录有关各类房间的存量,回答各种问题,解决个人住宿问题以及将住房报告转给饭店与会议筹办人,所有作业程序务必尽量快速与准确。最好去拜访饭店,熟悉它们的作业程序,例如如何处理截止日以后的住房预订。具体有以下几项基本要求。

一是住宿的安排是一项具体细致的工作,要提前编制住房分配方案。根据会议性质、人数等进行综合选择并列出住宿清单。长者、尊者、领导要适当照顾。

二是确定预订方式及预订。

三是场地视察。工作人员要对饭店的设备特别了解,负责住宿的工作人员到饭店,听取饭店业务人员一一介绍,以便到时候回答与会者的问题。

四是还要考虑地区集中,便于讨论。

五是报经有关领导审定后,按表分配住宿,做到有条不紊。

六是具体安排住宿时,要根据与会人员职务、年龄、健康状况、性别和房间条件综合考虑,统筹安排。

57

选择会议住宿地点需要考虑哪些因素？

要是由与会者自己支付住宿费，就需选择几家价格、条件不等的招待所、饭店、宾馆或者同一家宾馆不同标准的客房供其选择。如果是会议筹办方集中安排住宿，则要考虑以下几点。

◇ **客房的标准是否符合会议要求**

客房的硬件和服务水准是决定一个会议最终选址的最关键因素之一。会议的决策者以及与会者都希望在一个能够体现公司形象和地位的饭店里开会，不一定是要最豪华的地方，但是需要有档次和吸引力。另外，一个普通的销售会议和一个奖励会议对客房的要求也不一样，一个销售会议只需要一个合适的饭店，而奖励会议则需要一个公众热望的饭店。对于国内的大多数公司会议而言，三星级至四星级的标准可能是最保险的选择，既保证了体面，又不至于过于奢侈。

◇ **在会议期间可供使用的房间总数有多少**

没有与会者愿意在会议期间被分开，因此满足需要的充足的客房是必需的。会议地点的客房总量很容易得知，但关键是要掌握在会议期间可以提供的房间总数以及不同房型的数量。由于预订可能会被取消，很多会议地点在旺季都存在超额预订的问题，如果到时没有取消预订的情况，客房就会供应不足，这种情况是必须注意的，尤其在旺季举行会议，一定要有合同约定。

◇ 是否有不同的房型满足不同与会者的需求

客房的类型通常包括单人间、标准间和套间，通常双人标准间的需求最多，但是如果有贵宾到会，或者是会议期间有小型讨论、洽谈，则可能需要套间。

◇ 客房的配置条件如何

国内所有的星级酒店，都有相应的配备标准和要求。以三星级酒店为例，应配备：全套床上用品；各类型毛巾7条，卫生用品，服务提示用品，饮品及饮具，其他如衣架、烟灰缸、火柴等杂物。这些用品五花八门，看起来无关紧要，但是如果没有这些东西，却可能对住宿造成影响。很多酒店都不能完全按照规定的数量来配置，这也可以反映出一个酒店的管理和服务水准。另外即使有配备，配备的用品质量也有很大的差别，这方面很容易就显示出酒店的档次定位，会议组织者应该注意这些细节。

◇ 客房的服务水平如何

低水准的客房服务将使一个设计和经营都很出色的会议地点顿时黯然失色，而要判断房间管理的水平，就必须亲身体验，可以通过观察公共区域的房间管理来确定其服务水平，比如烟灰缸是否及时清理？周围有没有垃圾？工作人员是否能够训练有素地进行清洁和整理工作，同时不打扰与会者？他们会不会在一场会议刚刚结束，与会者退场并涌入走廊的时候，清理走廊。

◇ **什么时间可以入住**

很多时候，与会者并不是来自同一个地方、同时入住酒店，尤其是一些全国性的会议，与会者来自四面八方，到达的时间不一样，有的可能在早上就到达了，需要提早入住，但是多数酒店的客房只能到中午 12 点上一拨客人退房后，才能够入住，尤其是在房间紧张、没有空余房间的情况下，这个矛盾就尤为突出。会议的组织者应该与会议地点协商，要求能够安排提前入住。如果不能够提前入住，组织者必须清楚地了解这一情况，提前通知与会者。

应该安排一些应急措施，比如，可以安排少量的房间，让提前到达的与会者稍事休整，并通知门房将他们的行李安顿好。也可以在公共休息区为他们免费提供一些饮料或者其他服务。

◇ **最迟何时退房**

退房时间是会议组织者必须考虑的一个部分。通常即使在最后一日，会议也会有很多议程，会议结束的时间，可能定在中午 12 点，甚至下午，而与会者离开的时间，因为航班或火车时刻的关系，可能在下午或者晚上，这样就产生了时间冲突问题。当然，最好的解决办法，是与会议地点协商延迟退房，这种协商应该在签订合同前完成，如果在会议开始后再谈，会议地点可能因为已经预订了下一批新的与会者而难以安排。在遇到这样的困难时有几种不同的解决办法可以选择，例如：一部分房间可以推迟退房，这对很多需要乘飞机离开的与会者来说十分重要；会议地点可以提供行李寄存服务，妥善地保管好退房后与会者的行李，可以安排他们购物、观光等。

58

预定会议住宿房间有哪些注意事项？

会议期间可能需要大量的房间，这些都必须事先预订，否则会造成住宿方面的问题，特别是遇到旺季，可能找不到房间住，在此针对会议住宿的方式分别作说明。

◇ **订房卡**

如果会议需要住宿的人数不多的话，可以直接向酒店或会议中心索取订房卡。主办单位随同会议通知寄上订房卡，再由与会者直接向饭店订房。这份订房卡或申请表亦可按照基本格式事先印制，在印制前先做一份草案请酒店核对房价、订金等事项是否有误，通常酒店会希望注明如果订金没有收到则无法确认，另外也可以注明有何税金或服务费。

另外还有一点也很重要，就是强调订房截止日，以鼓励与会者尽早预订。截止日确定是与酒店在签订合约前同意的。

◇ **住宿预订单**

将一份表格寄给你邀请的人，要求他填写陪同人员名字、希望哪种房间、抵达与离开日期、房型、住宿费、收款方式等，并要求对方反馈信息，是否住宿。

一旦房间数量被确定，就列出可供参考与选择的酒店，然后与酒店业务代表谈房间价格。

如果可能，最好实际去看一下酒店房间的设备，这不但有助于讲价，提出一些与会者可能会问的问题请酒店人员答复，同时也可以了解酒店预订程序和前台服务情形。

◇ 特别预订

有些会议筹办人在所有预订房间中保留数间给特定的人或团体，并给予特别处理，例如：总计预订100间，10间为VIP（贵宾）使用，其余90间为与会代表，使用特别预订是因为有些记者和参展商要小心地接待。

要详细与酒店业务代表讨论细节，并形成文字，彼此要了解以下内容：特别预订多少房间，什么类别和房价；预订的作业程序；什么时限内未使用的房间转到一般预约中。

在决定预订前，可能需要不同表格，表格可以用不同颜色或注明特别截止日，对于贵宾则注明不同身份并单独处理他们的住宿安排。

59

与会议住宿酒店签订合同有哪些注意事项？

酒店的合约书中详细记载了价格和房间类型，为了使作业有效率，饭店给的价格要确定，而不是在某个价格范围之间。合同里需要写明与会议相关的各种事项，分清权利和义务，从而当出现争议时，法庭将按合同中双方意见一致的条款，按有利的方式保护利益受损方。一般会议合同的内容如下（具体合同双方另议）。

房间数目和房间价格：列明每晚所需房间数和房间价格。

免费房间：注明会议组织人员每晚可免费使用的房间数。

工作间及房价：除免费房间外，会议工作人员还可享受优惠价格的房间；优惠程度依所需工作间数目和本次会议给酒店带来的生意规模而定。

套房、贵宾房：本条款需列明具体的房间要求。

房间位置：应列明各个所订房间的具体方位和房间档次。

平均房价：根据各种类型房间占相同百分比计算出来的一个调整后的平均价，适用于各类房间。

无转移条款：会议举行期间如遇酒店所订房间超出实际接待能力时，不得使会议人员转移其他酒店。

入住及退房登记：登记情况视酒店规定而定。

提前入住和推迟退房：如果在该问题上的需求与酒店规定有所偏差，

则一定要在合同中注明。

预订取消日期：一般规定为预订者在计划使用日期之前 30 天。这一条双方可以再协商。

会议场所要求：如果会议规模可能出现调整，最好在合同中确定一个调整时间。

会议场租：可以是一个固定价格也可以根据所订客房情况协商。

24 小时租用：如果是按 24 小时租用酒店会议室，那么即使 24 小时之内你们不用会议室，酒店也不得使用。

会场变动：合同中已注明预订的是哪些会议室，没有酒店的事先通知和会议方的书面同意，已订好的会场不能再有变动。

房间定金：合同中必须注明预付定金的具体时间。不能因为没有支付定金就失去所订房间。合同中应要求酒店在定金预付日期到来时提醒你。

结账：谁来负责会议方结账事宜；谁有权在账单上签字；有哪些具体事项；账单上包括哪些费用；哪些费用是个人来付的；这些问题必须在合同中说明。

餐饮消耗：此条款规定对于因活动取消、活动改为在酒店以外进行或与会人数不足而引起的餐饮活动减少，会议方应给予酒店一定补偿。

仲裁条款：如果合同中有同意仲裁解决争议的条款，在签订合同之前，要先决定会议方是倾向使用仲裁手段还是反对使用仲裁。仲裁解决争端比诉讼的费用要少，并且进行起来更快，但有约束力的仲裁裁决使得不利方不能再上诉。

视听设备租用：明确视听设备的种类（可以包括设备的品牌）、数量、租用时间、费用。

会议物资运抵酒店：在会议举行之前，会议所需的物资要运到酒店的库房。在合同中应注明库房的工作时间和酒店政策。

展品的处理：展品运进、运出酒店的时间上的规定对费用开支有很大影响。对于酒店在这方面的规定和可能会有的限制和局限，双方应进行协商和讨论。

最低餐饮消费：有些酒店的合同上有最低消费这一条款，规定客人的早餐、午餐和晚餐花费必须达到某一最低金额。

安全、防火规定：酒店符合安全和防火的有关规定。

残疾人保障：合同中特别列明酒店内设施和政策与有关残疾人保障法是相符的。

合同的终止：如遇第三者原因（不可抗力或特殊事件）的发生，则允许一方提出终止合同而不受违约罚款。即终止合同的一方对影响会议正常进行的事态无法控制。

免责：双方应同意，对于一些疏忽事件和其他一些不影响会议进行的偶然突发事件对方不负责任。

订房确认报告：在合同中加入订房确认报告这一条款，以确保会议方能及时得到订房成功通知。

另外，还应保存一份书面合同，并将所有的回复传真或信函作为书面承诺归档保存。

合同签订后允许修正与增补。当变动很小时，可以在合同边上注明改动，然后写上日期和签名。当变动很大时，则按意见增补一个附文，然后将合同交给对方，并附上一封信请求将附文包括在合同中，再将签过字的合同送回。

60 分配会议房间应注意哪些礼仪？

会议住宿工作人员在分配会议房间的过程中，应做好以下几个方面的工作。

其一，如果由主办方支付费用，则需按其职务标准安排住房，除了部分嘉宾和主办方的领导，其他与会人员的住宿标准相近。

其二，年龄较大的与会者和女性应尽量安排到向阳、通风、卫生条件好的房间。

其三，注意尽量不要把汉族与会者与有禁忌的少数民族与会者安排在同一个房间。

其四，可预先在会议回执上将不同规格的住宿条件标明，请与会者自己选择。

其五，预订住宿地点的工作一定要打出提前量，预订数量上应略有富余。

61

作为会务工作人员，应该如何着装？

在会议过程中，会务工作人员给人第一印象的往往是服饰。服饰是一种文化，它有广义和狭义之分。从广义而言，服饰是指人的服装穿着、饰物佩戴、美容化妆三者的统一；狭义是专指衣着穿戴。

◇ **女性工作人员着装要求**

女性工作人员着装要求美观大方。在大型会议场合可以穿旗袍、中式小袄配裙子或西装。

礼服，一般采用紧扣的高领、贴身、身长过膝、两旁开衩、斜式开襟，但在大型会议场合穿的旗袍开衩不要太高，一般在膝盖以上3~6厘米即可。

内衣千万不能露在外衣外面，如果是薄料子衣服，里面的衬裙要合适，颜色要相配。

一般来说，穿裙子应穿高筒袜或袜裤，要避免丝袜漏丝与漏洞。

在正式会议上不能穿靴子，也不能穿紧身裤，最好穿旗袍或连衣裙、套裙。

◇ **男性工作人员着装要求**

男性工作人员穿着西装要合体、优雅、规范。打领带时，衣领的扣子要系好，领带要推到领扣上面，下端不要超过腰带。

如果穿毛衣，领带要放在毛衣里。

西装的纽扣，在非正式场合一般可以不扣，但在正规场合应将实际纽扣，即单粒扣的第一粒，或三粒扣的中间一粒扣上；而双粒扣的第二粒，三粒扣的第一、第三粒都是样纽（也称游扣），不必扣上。

西装左侧有个扣眼，人称"美人眼"，通常在这个扣眼上别一朵花或别上徽章、别针等。西装左胸是装饰袋，常用手帕卷成各种花型露在袋上，手帕多用麻纱、丝等质地。

衬衣应放在裤子里，领子、袖口露在西服外1厘米，衬衣袖子不应卷起来。

穿西装时，手插在裤兜里，不能插在上衣口袋里。

62

会议中如何引导与会人员入座与发放会议材料？

◇ **引导代表入座**

参加会议的人员事先可能不熟悉会场，因此，会务工作人员要把与会者引导到相应的座位上去。这样既方便与会者，又维持了会场秩序，保证了会议效果。一些大型会议，会场较大，参加会议的人数也很多，更需要引导座位。

为减轻会务工作人员的负担，可以采用打印座次表，在会场上设立指示标记、在签到证或出席证上注明座位号码等方式，引导与会者顺利地找到自己的座位。

引导代表入座一般遵照事先排列的座次表来进行，但也要兼顾特殊情况。例如一般会议室离门口最远的地方是主宾的位子，但有些人位居高职，却不喜欢坐主位，如果他坚持一定要坐在靠近门口的位子时，你要顺着他的意思，让与会者自己去挑选他喜欢的位置，并做好其他位子的顺应调整。

◇ **发放会议材料**

会议中所需要的文件材料，会议工作人员应及时、准确地分发到每位与会者手中。分发会议文件和材料有两种形式。会前分发文件和材料，可以在与会者进入会场时，由会议工作人员在会场入口处分发给每位与会者；

也可以在开会之前，按要求在每位与会者的座位上摆放一份文件材料。会中分发文件材料，可以把会议工作人员分派到各组，每人负责每组的文件材料的分发和收退。需要收回的文件材料，一般在文件的右上角，写明收文人和收文时间，收文时要登记，以免漏收。

  对于某些保密程度较高的会议文件，要按照编号分发。会务人员分发这种保密文件时，要注意准确性、保密性以及登记手续的完整无误。如果一次会议要发几个保密文件，每个人拿到的会议文件上的编号应一致，这利于会议文件的管理与回收。可以在会议文件上加盖与会者姓名章或在会议文件上写上与会者姓名，按人装封分发。封上应加盖密封章和限时章，同时要完善签收手续。特别重要的会议文件分发还要采用回执的办法，与会者收到会议文件后，在回执上签字，将回执退回发文机关。

63

如何做好会议期间的信息服务？

为了保证会议期间与会者不错过重要的时间节点与信息，主办方需要做好信息提示工作。

◇ **电话叫早**

电话叫早是与会人员所入住的酒店常用的提示方式。客人拨通酒店总机电话，说出叫醒时间，值班员记录下来，到时间后拨通客人电话叫醒客人或由交换机电脑来拨号叫醒；或者由酒店统一安排提供电话叫醒服务。

◇ **小区短信**

小区短信系统，是一种个性化服务短信发布系统。它利用移动通信网络及短消息发布平台，在会议地点让短信发布者为参加会议人员提供他们最需要的个性化短消息。会议组织方可以向手机运营商订制特定信息，由运营商来向参会人员发送短信，使参会人员享受特定的服务。

◇ **信息卡片**

在会议期间每天更换信息卡片的内容，由酒店服务人员摆放在参会人员房间的特定位置。卡片内容常包括第二天的天气情况、会议安排等。

64

会上提供茶水服务应注意哪些礼仪细节？

在所有的会议中，都必须准备茶水、饮料。会上所提供的饮料，最好便于与会者自助饮用，因为频频斟茶续水往往既不卫生、安全，又有可能妨碍对方。但中国人习惯饮用热水，所以国内很多会议还是习惯给与会者上茶。一般情况下，可以在会议桌上摆放一凉（如矿泉水）一热（茶）两种饮料，由与会者自己选择。

给与会者上茶的礼仪具体有以下几点。

◇ 茶具要清洁

在招待与会者时，茶具要特别讲究。冲茶之前，一定要把茶具洗干净，尤其是久置未用的茶具，难免沾上灰尘、污垢，更要细心地用清水洗刷干净。在冲茶、倒茶之前最好用开水烫一下，这样既讲究卫生，又显得彬彬有礼。注意不要使用有缺口或裂缝的茶杯。如果用一次性杯子，在倒茶前要给一次性杯子套上杯托，以免水热烫手。

◇ 茶叶要适量

茶叶不宜过多，也不宜太少。茶叶过多，茶味过浓；茶叶太少，冲出的茶没味道。假如与会者主动介绍自己喜欢喝浓茶或淡茶，那就按照他的口味把茶冲好。杯中茶水只能倒七分满,否则容易溢出烫伤人。

◇ 端茶要得法

上茶时应用双手端茶。对有杯把的茶杯,通常是用一只手抓住杯把,另一只手托住杯底,把茶放在与会者桌上右前方,并将杯把转向与会者,方便其取放。

◇ 及时清理茶具

要及时清理用过的茶具,并按要求重新摆放整齐。

大中型会议应有专人提供茶水服务。会议服务人员在提供茶水服务时要把握以下几个要点:一是要提前半小时准备好开水,开会前15分钟开始沏茶。二是与会者入座时主动表示欢迎、问候,并快速给其上茶。茶水的温度应在70℃左右,不能太烫或太凉,应浓淡适中,倒入茶杯七八分满。上茶时一定要轻声示意,避免对方无意碰撞,摆放时右进右出。从地位高的与会者开始上茶,再给主方人员上茶。三是要注意观察与会者饮水情况,并及时续水。添茶的顺序与上茶时一样。续水时用右手端起杯子撤至与会者右后侧约20厘米处,用左手拿的容器添满茶水,以防溅到桌面或与会者身上,然后轻轻放回原处。

大中型会议,不方便给所有与会者上茶,应设饮水处,为与会者提供饮料,如温茶、咖啡、纯净水等。

65

续水需注意哪些礼仪细节？

续水，看似简单，实际上有诸多讲究，如果在给他人续水的时候没有注意礼仪细节，轻者可能引起别人的不满，重者有可能造成别人受伤。这样的结果，想必是所有人都不愿意看到的。简单来说，续水时应注意九个"不"。

一不可瓶口距离杯口过高，以免热水溅出杯外。

二不可直接往桌上的杯中倒水，而应端起水杯。

三不可把杯盖扣放在桌面或茶几上，这样既不卫生，也不礼貌。

四不可从他人肩部或头上越过。

五不可用手指触碰茶杯边沿。

六不可在倒水、放杯、扣盖时发出声响。

七不可没有语言提示，应小声说："您好，为您添水。"

八不可倒得太满以致溢出，七八分满为宜。

九不可长时间中断续水。

在为他人提供续水服务时，保持热情、礼貌，讲究细节，使与会者感到主办方的贴心与细心。

66

会议中如何提供茶歇服务？

茶歇就是为会间休息兼气氛调节而设置的小型简易茶话会。根据会议类型的不同，有的会议会设置茶歇。一般大型会议较少有茶歇，中小型会议特别是公司或组织高层会议，会间茶歇很重要。

茶歇的饮品有矿泉水、白开水、绿茶、花茶、红茶、奶茶、罐装饮料、咖啡、微量酒精饮料、牛奶、果汁等；点心一般有各类糕点、饼干、西式蛋糕、袋装食品、各类甜品、时令水果、花式果盘等。

茶歇的服务包括准备点心、饮品、摆饰等，不同时段可更换不同的饮品、点心组合。

通常茶歇的准备要求包括点心要求、饮品要求、摆饰要求、服务及茶歇开放时间要求等，不同的时段可以更换不同的饮品、点心组合。

其一，根据与会人数制定茶歇服务所需茶点数量的预算。人数的统计越精确，服务越好，因为如果临时需要增加人数，厨房可能来不及备餐，而且还会耽误时间。

其二，茶歇服务的时间通常延续15～30分钟。茶点必须要在会议预计结束前15分钟准备好，在茶歇尚未开始前可打开20%左右的饮料。

其三，为了避免拥挤，应将茶点摆放区域内各个食品台分隔开来，并应最先开放距会场主要进出口最远的台位。

其四，用醒目的标志标明饮料的种类，方便客人取用。

其五，为了使客人取用方便，应按合理顺序摆放食品台上的物品。一般顺序是将咖啡杯放在最前端，然后是普通咖啡、不含咖啡因的咖啡、茶袋和热水，咖啡伴侣、奶、袋糖和勺等应摆放在距饮料台不远处的另一张台子上。

其六，每75～100人设一张食品台。

其七，茶歇服务人员与客人的比例一般为1∶100。

其八，如果是夏天，最好增加一些冰茶，如50%的热饮再加50%的冰冻饮料，下午时间段则可备35%的热饮加65%的冰冻饮料。出于健康考虑，茶点也可增加一些新鲜水果、酸奶、果汁。

其九，在提供完第一天的茶歇服务后，饭店应注意统计茶点的消耗量和剩余量，据此预测第二天所需茶点的数量和种类。

67

主办大型会议还需要考虑哪些因素？

大型的会议，因为与会人数众多，所以要对可能的突发状况有所准备。会议中的医疗卫生服务直接影响着参会者的身体健康，必须采取有效措施保障医疗卫生工作。

◇ 根据会议需要设立医务室

如果参加会议的人员数量众多，尤其是当其中有为数较多的年长者时，则十分有必要设立临时医务室。医务室的医务人员应具备特定的资质，数量1~2人即可。医务室应备有日常所需的应急药品，如治疗高血压、心脏病、感冒、外伤等疾病的药品。如果会议地点附近有医院，可将其指定为定点医院，与院方开展合作。

◇ 检查饮食，保证安全

在大中型会议中，组织者应抽调专门人员，提前做好饮食卫生检查工作，必要时可采取抽样检查和全部检查的方法，进行严格化验，防止发生食物中毒。在夏季，尤其要注意食品原材料的新鲜程度，还应检查餐具、茶具是否洗净、消毒，饮用水是否煮沸，被褥是否洁净。

68

会议上出现突发事件如何处理？

会中突发事件的处理是会议期间重要的工作，会议工作人员办事是否果断，直接影响到单位的整体形象，对整个会场的秩序和会议的效果都会产生严重的影响。所以，组织会议的秘书必须重视会中突发事件的处理工作，尤其是一些重大的会议，更是要注重会中突发事件的处理工作。

要做好相关的会中突发事件的处理工作，首先要弄清会议的内容、性质以及与会代表的人数，了解会议突发事件的种类；其次要掌握会中突发事件处理方案的内容和具体措施，当事件发生时能够沉着冷静地采取处置措施。

如果在会议召开期间发生突发事件，应注意做到以下两点。

一是及时报告。突发性事件发生之后，会场有关的工作人员要马上将事件发生的时间、地点、经过、危害程度等情况及时向单位的领导报告，涉及某些部门的事件先向其部门领导报告，然后再向单位的主管领导汇报。

二是提前采取应急处置措施。必要时应拨打救护、消防等单位的电话，迅速组织人员急救，组织保护现场，积极抢险救灾。

69

会议记录有哪些规范要求？

会议文字记录是会议记录中最重要的形式，会议文字记录有一定严格的规范格式。

◇ 文字记录的格式与写法

①标题。有两种形式：会议名称＋文种，如《×集团公司第三届董事会议记录》；文种，如《会议记录》。

②正文。由首部、主体和结尾三部分构成。

首部，又称会议概况，包括：会议名称；会议时间；会议地点；会议主席（主持人）；会议出席、列席和缺席情况；会议记录人签名等。以上六项应在会议主持人宣布开会之前填写好。

主体，又称会议内容，包括：会议议题，如有多个议题要在议题前加上序号；发言人及发言内容，记录每人的发言时都要另起一行，写明发言人的姓名，然后加冒号；会议决议，决议事项应分条列出，有表决程序的要记录表决的方式和结果。

结尾，另起行，写明"散会"并注明散会时间。

此外，在会议最后，右下方写明"主持人：（签字）""记录人：（签字）"。

◇ **文字记录的基本要求**

一是准确写明会议名称（要写全称），开会时间、地点，会议性质。

二是详细记下会议主持人、出席会议应到和实到人数，缺席、迟到或早退人数及其姓名、职务，记录者姓名。如果是群众性大会，只要记参加的对象和总人数，以及出席会议的较重要的领导成员即可。如果某些重要的会议，出席对象来自不同单位，应设置签名簿，请出席者签署姓名、单位、职务等。

三是真实记录会议上的发言和有关动态。会议发言的内容是记录的重点。其他会议动态，如发言中插话、笑声、掌声，临时中断以及别的重要的会场情况等，也应予以记录。

记录发言可分摘要与全文两种。多数会议只要记发言要点，即把发言者讲了哪几个问题，每一个问题的基本观点与主要事实、结论，对别人发言的态度等，作摘要式的记录，不必"有闻必录"。某些特别重要的会议或特别重要人物的发言，需要记下全部内容。有录音机的，可先录音，会后再整理出全文；没有录音条件，应由速记人员担任记录；没有速记人员，可以多配几个记得快的人担任记录，以便会后互相校对补充。

四是记录会议的结果，如会议的决定、决议或表决等情况。

五是会议记录要求忠于事实，不能夹杂记录者的任何个人情感，更不允许有意增删发言内容。会议记录一般不宜公开发表，如需发表，应征得发言者的审阅同意。

六是会议结束，记录完毕，要另起一行写"散会"二字，如中途休会，要写明"休会"字样。

七是记录人必须遵守保密规定，不得泄露会议内容。会议记录要妥善保管，不得外传或遗失，并使用专用记录本，按规定定期归档。

◇ **文字记录的重点**

　　会议文字记录的重点包括：会议中心议题以及围绕中心议题展开的有关活动；会议讨论、争论的焦点及其各方的主要见解；权威人士或代表人物的言论；会议开始时的定调性言论和结束前的总结性言论；会议已议决的或议而未决的事项；对会议产生较大影响的其他言论或活动。

◇ **会议文字记录的写作技巧**

　　一般说来，文字记录的写作技巧有四条：一快、二要、三省、四代。

　　①快。即记得快。字要写得小一些、轻一点。多写连笔字。要顺着肘、手的自然去势，斜一点写。

　　②要。即择要而记。就记录一次会议来说，要围绕会议议题、会议主持人和主要领导同志发言的中心思想，与会者的不同意见或有争议的问题、结论性意见、决定或决议等做记录，就记录一个人的发言来说，要记其发言要点、主要论据和结论，论证过程可以不记。就记一句话来说，要记这句话的中心词，修饰语一般可以不记。要注意上下句子的连贯性，一篇好的记录应当独立成篇。

　　③省。即在记录中正确使用省略法。如使用简称、简化词语和统称。省略词语和句子中的附加成分，比如"但是"只记"但"，省略较长的成语、俗语、熟悉的词组，句子的后半部分，画一曲线代替，省略引文，记下起止句或起止词即可，会后查补。

　　④代。即用较为简便的写法代替复杂的写法。一可用姓代替全名，二可用笔画少易写的同音字代替笔画多难写的字；三可用一些数字和国际上通用的符号代替文字；四可用汉语拼音代替生词难字；五可用外语符号代替某些词汇，等等。但在整理和印发会议记录时，均应按规范要求办理。

◇ 文字记录的核对要点

在会议结束后要全面检查、核对记录，并对文字记录进行确认。这样，一方面要对会议过程中所记内容进行补充和校正，为整理工作带来方便，有利于提高整理工作的质量；另一方面使会议记录具有普遍认可的效力。

核对时要掌握一定的方法。一是一人记录，集体核对，然后分头整理，整理完后，再互相校阅。这种方法准确率高，不容易出现大的遗漏和错误，但花费时间较多。二是多人记录。集体核对，一起整理。即记录人员一边核对一边由一人执笔当即整理出来。这种方法准确率也比较高，但花费时间也较多。三是多人记录，分头核对，分头整理。记录人员整理时以自己所记为主，参考其他人的记录。这种方法整理速度比较快，花费时间比较少。但应注意不要遗漏，遇到问题应及时提出来研究，最好有一人统稿。四是一人记录，一人核对、整理。遇到不清楚的问题，记录员可与发言人本人或其他与会人员核对。

核对时，要把握一定的方式。记录人在会议结束后，将整理的会议记录呈会议主持人过目，主持人在确认记录无误后签字，并在记录的结束处作出记录终止符号"#"，以防他人随意增添其他内容。

70

会议记录人员应具备哪些素质？

  会议记录对于记录人的要求很高，要求记录人员应具备以下几方面的素质。

  一是具有较强的听知能力。记录人员在会议中必须始终集中精力，脑、耳、手都要紧跟发言人的讲话，记录时需要掌握好节奏，既不能滞后，也不要超前。因此，记录者在记录会议发言时，要反应灵活、判断准确、理解深刻、记忆牢固。如果没有这些听知能力，就难以将需要记录的东西记录下来。

  二是具备较强的写记能力。记录人员的任务就是将会议发言、讲话和讨论变成纸面会议材料，必须有迅速将口语化的讲话和讨论转化为书面文字的能力。记录人员要有丰富的知识、良好的心理素质，掌握熟练的记录技巧和良好的语言文字能力。

  三是有一定的速记（速录）经验。会议记录人员的记录一定要能跟得上会议进行的速度，尤其当会议讨论比较热烈、插话很多的时候，经验就显得相当重要了。除了要掌握手写速记的技巧以外，记录人员可以尝试使用速录来记录会议，不仅可以实现快速的会议记录，也可以满足很多单位同步显示和网络直播的需求。

  根据需要，可以在记录的同时辅之现代的录音、录像手段以保存原始的声音和影像资料，便于会后对会议记录中不完整的地方加以补充。

四是知识面广。熟悉会议设计的相关知识和技术，能听懂专业术语。

五是记忆力强。能对各个与会者的发言记录做到不混淆。

六是语言组织能力强。能把某些散乱无序的讨论及发言重新整理加工成条理清晰的文字，不歪曲原意。

七是倾听能力强。善于聆听，捕捉信息并记录。

八是总结能力强。能对会议记录及时进行提炼、总结，为领导或其他部门提供参考和利用。

会议记录不仅要求记录人员业务好、能力强，还要求记录人员工作踏实、严谨、细致。这种工作作风不仅体现在记录过程中，还体现在记录人员充分的前期准备工作上。准备时可以重点从以下两个方面着手。

一是熟悉参会人员及其参会信息。特别要注意熟悉发言人的姓名、身份、工作背景、目前的工作领域以及其语音特点等；还要熟悉他们的座次安排，这样可以避免发生张冠李戴的错误。

二是熟悉会议材料。需要会议记录人员熟悉的会议材料包括会前提供的会议材料、会中分发给与会者的材料以及要求与会者提供给会议的材料等。结合这些材料，我们可以对会议的主题、议程及会议目的有清楚的掌握。对这些信息了然于胸，才会在倾听发言的时候有所准备。作为从事会议记录的工作人员，要坚持做到对相关文件内容熟悉，因为一旦会议开始，即便身边有所有会议文件的原件，也可能根本没有时间去翻阅它们。

71
做会议记录有哪些小技巧？

◇ **简称法**

在自己能看懂的情况下，对单位名称、地址、人名、术语等可只记录简称。如："美淇化妆品股份有限公司"可记录为"美淇"。

◇ **缩写法**

对于常用词语或术语，在令自己不会产生歧义的前提下缩写。如："全国化妆品行业今年取得令人瞩目的经济效益"，可记录为"全——妆——今——取——令——瞩——经效"。

◇ **符号替代法**

可按照约定俗成的习惯自拟符号替代常用词。如"上升"和"下降"可以用"↑""↓"记录。

◇ **省略法**

指省略词语或句子的附加成分、相同成分。比如"可以"可只记"可"，类似情况的词语还有"因为""经过""现在""盼望"；也有只记后一字的，如"希望"可以记为"望"等。对于一些词语或句子相同的成分，也可承后省略。还可以省略比较长的成语、俗语、熟悉的词组。

◇ 拼音法

对于难写的、易忘易错的字，可以用汉语拼音代替。

◇ 外语辅助法

即用外语代词的缩写来记录中文词语，如"世界贸易组织"可用英文缩写成"WTO"。

◇ 留空法

记录中如遇发言人引述有关材料时，如一时难以详细记录下来，可以先记一两句提示，留下空档，待会后找出本人或有关资料再补上去。

◇ 录音法

用录音笔或者其他录音设备，将会上重要的发言录下来，待到会后，对会议记录进行补充和完善。

72

接待前来采访的新闻媒体有哪些礼仪要求？

◇ **接待新闻媒体的基本要求**

会议新闻要实事求是报道的内容必须与会议基本内容相吻合，达到宣传会议精神的目的，有利于会议精神的执行。

掌握会议信息的保密度，做到内外有别。对于会议内容中涉及的机密问题，应严守保密原则，不能在报道中泄露机密。

报道中的重要观点和提法要经领导审定，以免造成差错或失误。

无论是撰写新闻报道稿，还是为新闻媒体采访报道会议情况提供服务，都要准备得全面周到、主动积极。

在传递的方式和内容选择上应本着对象、效果、时效、费用的原则综合考虑。

在会议中，秘书要随时收集外界舆论和新闻媒体对会议反映信息的报道，为领导准确掌握会议的效果提供参考。

在会议结束后，秘书要为召开媒体沟通会提供必需的信息资料，使会议领导者能更好地向新闻媒体介绍会议情况，回答记者的提问。

◇ **接待新闻媒体的工作内容**

由会议秘书撰写新闻报道稿件，经领导审阅后，向媒体发送。

在会议召开期间，邀请有关报社、电台、电视台派记者驻会随访，发布消息。

会议结束时召开记者报告会，由会议领导者直接介绍会议情况，并亲自回答记者提出的问题。

73

接待新闻媒体有哪些工作程序？

会议过程中，会议公关人员应该尽量为媒体人员的活动提供方便。接待采访会议新闻媒体的程序大体如下。

◇ **媒体人员登记**

一般来说，应对参会的媒体人员与一般参会者以及工作人员进行区别，会议组织者要对其进行登记，而且登记的地点要与一般参会者登记地点进行区分，登记时为其提供特殊的工作证。有些媒体人员在会前并没有注册，他们可能来自一些与会议无关的刊物。此时是否接待他们应该取决于会议的主办者和会议主题，一般情况下最好放宽大门，不要约束过严。

◇ **提供简单的会议材料**

大多数媒体人员都喜欢自己决定采访哪些人，以及报道会议的哪些新闻。因此会议组织者可以为他们安排一个介绍会，简单说明会议整体结构，并着重指出那些可能引起他们兴趣的人和事件，并向他们提供简单的会议材料，让他们自己从全局上进行把握。

◇ 安排拍照和新闻发布会

会议方面应该为静态拍照和动态录像准备一个专门的场地，并准备相应的背景，所有参与拍照的人都应该得到充分的提示。如果录像的目的是进行电视报道，会议方面应该为活动安排特定的日期，以免错过播出时间。会议秘书还应该为摄影师提供所有参加拍摄的人员名单。

会议组织者要为新闻发布会提供应有的准备，满足部分媒体人员要求将自己的录音麦克风连接在演讲台上的要求。发布会应该有规定的起止时间，为发布会制定程序，每个参会者都应该事先知道发布会的日程安排，以及是否可以在会上提问等事项。

◇ 安排媒体沟通会

媒体沟通会是一种非正式的新闻发布会，参加的媒体在发布新闻时将不直接引用被采访者的话或者提到其姓名。媒体人员应该被明确告知该活动是不是媒体沟通会，因为有些媒体不愿意参加这样的活动。虽然媒体沟通会规定了一些限制，但是许多媒体人员还是希望参加，因为他们可以从中得到一些非常重要的消息。

74

会议用餐需注重哪些礼仪？

会议主办方如果想做好会议餐饮工作，应首先掌握以下几项基本要求。

其一，食宿安排的原则是让代表吃好、住好而又不浪费。

其二，就餐大体上是一个标准，要适当照顾少数民族代表和年老体弱者，确定好伙食标准和进餐方式，照顾南、北方代表的不同口味。

其三，秘书人员应提前到现场布置并检查组织工作的落实情况，应事先将座位卡及菜单摆上。

其四，席位的通知除在请柬上注明外，还可在宴会上展示宴会简图，标出全场席位以及出席者的位置，还可用卡片写好姓名席位，发给本人。

如有讲话，通常要事先确定讲话内容，致辞要尽量简明扼要、热情洋溢。如是涉外会议则要事先安排翻译员。

其五，提前一两天向会议供餐机构告知用餐人数。会议供餐机构需要提前有针对性地准备食物，配备服务人员，避免出现备餐不足或过多等情况。因此，在签订会议供餐协议时，要求会议主办方至少提前一两天告知每次就餐的人数，并予以签单担保。

其六，辨认进餐者身份。在与会者众多，且与会者在用餐问题上变数较多、差别较大的情况下，会议主办方可以通过发放餐券或餐卡的方式来辨认进餐者的身份。

其七，注意与会议供餐机构随时沟通和协调。如果会议上午的议程没按计划进行，那么午餐将与预定的时间脱节（提前或推迟），这就要求会议主办方及时告知会议供餐机构的服务经理，以便其吩咐厨房按新的时间安排供餐。

其八，做好引导工作。如果集中用餐的与会者较多，为了避免混乱，会议工作人员除了提前安排桌次和座次外，还需要做好引导，从而使与会者迅速、有序地找到自己的座位，并且不妨碍餐厅服务员的传菜、安排酒水等工作。

其九，对于那些因会议耽搁而不能按时用餐的与会者，会议主办方应给予特别的餐饮照顾。

75

会议用餐有哪些执行标准？

◇ **会议用餐的类型和标准**

根据会议的经费和人员情况决定会议餐饮的标准。一般由主办方付费的会议餐饮标准，都要根据会议经费的预算情况，量入为出，制定统一的餐费标准。由与会者自己付费的餐饮，会议一般要给予一定的补贴。

就餐方式可根据会议的规模和性质来确定，提倡实行自助餐制和分餐制。一般性的会议除了开头和结尾的宴会采取包餐形式，大多采用自助餐方式。自助餐方便卫生，俭朴节约。

①早餐。早餐食物的选择范围很大，可以是正规的复杂早餐，也可以是自助早餐。品种多样的自助早餐能让人各取所需，比较随意。

②茶歇。一般供应咖啡、茶和其他饮料，可以提供食品，也可不提供。

③午餐。午餐如何安排，主要看下午计划做些什么。一般来说，午餐不宜大吃大喝，以免影响下午的会议安排。

④正式晚餐。晚餐食物的选择既要考虑到营养和健康，又要考虑到出席者的口味和特色。而且正式的晚餐都有对着装的要求，一般穿礼服出席。

◇ **会议用餐地点的选择**

为了便于管理，会议用餐地点应尽量离会场近一些。很多会议主办方会选择既能提供各种会议室,又能为大中型会议提供会议餐饮的酒店或会议中心。会议工作人员应仔细考察用餐地点的具体情况,主要包括以下几方面。

①用餐场所的大小。一般来讲,所选的用餐场所最好能容纳所有与会者,如果用餐场所因为空间不够而将与会者分开在不同的房间用餐,会影响会议的融洽气氛。

②用餐场所的环境。雅致舒适的用餐环境能使与会者身心放松,有利于其精力的恢复。同时,用餐场所桌椅的布置井然有序、整洁美观,也能体现餐饮部门良好的管理与服务。

③厨房。厨房的消毒设施是否齐全、环境是否整洁、人员工作是否井然有序等也是重点考察的范围。

④路径。从厨房到用餐场所的路径是否顺畅关系到与会者的用餐,如果上菜的路径需要经过各个餐桌,对与会者的用餐难免造成干扰,同时也容易发生意外情况。

◇ 用餐时间、方式的安排

会议期间,正式的进餐时间为早上、中午和晚上。会议工作人员应根据与会者对三餐的不同要求,安排适宜的用餐方式。

①围餐式。即与会者以餐桌为中心围坐就餐,由服务员按预订的菜谱上菜。餐桌的形状可以多样,如圆桌、方桌、长方桌等。如果与会者人数较多,常需要事先安排桌位和座次。安排时,除了为贵宾专门设置桌席外,还应尽量将身份大体相同或同一专业的与会者安排在一起。

②自助式。即服务人员事先将各种菜肴、主食、酒水、饮料集中放在餐厅的一边或两边,由与会者自己选取,自己寻找空位坐着进餐。也有的自助式餐饮不提供座位,由与会者端着餐盘站立进餐,便于与其他与会者

交流。

③半自助式。这种用餐方式介于围餐式和自助式之间，一般设座位，由服务员按菜单提供部分菜肴，而大部分食物则放在餐厅一边的餐桌上，让与会者自由取食。

④分餐式。即由服务员事先将食物、菜肴分装在每个人的盘中，上菜时直接端给各位坐好的与会者。西餐一般采取分餐式。

⑤餐券购餐式。即会议接待人员事先将固定金额的餐券发给与会者，与会者到指定的餐厅中凭餐券购买。这种方式适用于追求经济实惠，且就餐人数多、就餐时间不统一的会议。

◇ **会议三餐方式的安排**

会议用餐方式需要会议主办方根据早、中、晚餐的不同加以安排。

①早餐：会议早餐一般是自助式。品种多样的小吃和主食，营养丰富的饮料、粥类、水果，由与会者"各食所需"，既自由轻松，又方便快捷。

②午餐：一般来说，午餐应能让与会者精神饱满地回到会场，精力充沛地继续下午的议程，所以，午餐安排为简单的工作餐式或自助式、半自助式比较适宜。

③晚餐：晚餐通常比较正式，可选择围餐式，数人围成一桌共进晚餐。

第七章

会议后期的工作礼仪

76

收集整理会议资料有哪些要求？

会议文件多属草稿性质或参考性质，并带有保密性，所以会议文件在会后多数应收回。有关会议的文件及原材料、照片、录音磁带等，都是宝贵的资料。会议结束后，秘书应立即收集整理，分类归档，保存起来。会议档案整理一要及时，二要完整。秘书需要对收回的文件进行登记，并及时向领导作汇报。对重要会议的资料、具有考察价值的文件在处理完毕后，依据其相互的内在联系，迅速进行分类、立卷，建立专门的档案，既方便查找，又可以为下一次会议提供参考。文件资料归档后应由有关人员保管，不要保留在个人手中。

◇ **收集会议文件资料的要求**

一是确定会议文件资料的收集范围。会前分发的保密文件要按会议文件资料的清退目标和发文登记簿逐人、逐件、逐项检查核对，以杜绝保密文件清退的死角。

二是收集会议文件资料要及时，确保文件资料在与会人员离会之前全部收集齐全。

三是选择收集文件资料的渠道，运用收集文件资料的不同方式、方法。

四是与分发文件资料一样，收集会议文件也应该执行严格的登记手续。

认真检查文件资料是否有缺页、缺面、缺损的情况。及时采取措施补救毁损的文件资料。

五是收集整理过程中要注意保密。

◇ **需收集的文件资料**

一是会前准备并分发的文件。包括指导性文件、审议表决性文件、宣传交流文件、会务整理性文件。

二是会议期间产生的文件。包括决定、决议、议案、提案、会议记录、会议简报等。

三是会后产生的文件。包括会议纪要、传达提纲、会议新闻报道等。

◇ **收集会议文件的渠道**

一是向全体与会人员收集文件。

二是向会议的领导人、召集人和发言人收集文件。

三是向会议的有关工作人员收集文件。如会议的记录人员、文书的起草人员等。

收集后的会议文件基本上是按重要程度和时间进行排列的，如开幕词、领导讲话、报告、决议、大会文件、大会发言、书面发言、参考资料、大会的来往文书、通知、纪要等，有关选举方面的文件要单独排列在后边。

77

整理会议资料有哪些技巧与方法？

◇ **文字记录的整理方法与技巧**

具有丰富经验的会议记录人员，可以做出漂亮的会议记录，有时甚至无须做多少整理，就可以送审、存档。但有些需要作为文件下发、作为新闻报道用的领导人、其他与会者的报告、讲话，仍需要进行整理。整理会议记录，应注意三个方面。

一是熟悉有关方针政策，提高思想理论水平，增强分析和理解能力。

二是善于对讲话中的不足之处进行补正。口头表达有随意性，做记录整理，或将讲话整理成文章，有的甚至作为指导性或指定性文件下发时，就要求整理人能鉴别出过之、不及和疏忽之处，加以补正，这也是体现一种能动性。

三是加强写作训练，提高写作水平。要把口头语言转换成书面语言，做到既保留讲话人的风格，又要观点鲜明、条理清晰、文从字顺。

◇ **会议录音的整理方法与技巧**

整理录音的工作，就是根据所录语言的中心思想，删除不必要的语言，补充和修改不足、不恰当以及没有录进去的内容，使整理稿成为中心明确、条理清楚、文字通顺、内容连贯的书面材料。录音整理是针对讲话、发言没有文稿或讲话、发言与文稿差距较大的情况而开展的。对于照本宣科所作的录音，就没有整理的必要，只要把录音存档即可。

整理录音既要借鉴整理文字记录的方法和技巧，也要结合录音的特点，掌握一些方法和技巧。

①删除。在整理过程中，要删除不必要的、重复的语言。还要根据讲话稿的用途删除不宜公开的材料，对明显的错误要删除或代为改正，删除过多的举例，只留下最能说明问题的一个。

②增加。在整理过程中，应该增加一些作为书面文章必不可少的内容，如补充语句、标点、标题等。

③修改。这里所说的修改主要是指语法、写作上的修改。如果讲话人表达不规范、不严谨、不确切、引文不准、层次混乱、衔接不好，就要对录音进行修改。在整理录音时，要特别注意辨别讲话人的声音，不可张冠李戴。

④送审。录音整理好后，要送讲话人、发言人审阅。讲座性的发言除了给发言人审阅外，还要送会议领导、主持人审阅。这样一方面，讲话人、发言人、会议领导、主持人可以对自己的讲话做些修改；另一方面，也可避免因整理者水平所限而造成的整理错误。送审既是对讲话人的尊重，更是一种工作程序，必须按工作程序办。

78

如何做好会议立卷归档？

会议文件资料的立卷归档是指会议结束后依据会议的内在联系加以整理，分门别类地组成一个或一套案卷，归入档案。这是将现行会议文件转化为档案的步骤，是档案工作的基础。

对会议文件进行立卷归档是为了避免不同部门之间会议文件资料发生不必要的遗漏或重复，保护会议文件的完整与安全，便于保存和保管。会议文件是公司活动的第一手珍贵的历史记录，是会议活动的真实记载，通过立卷归档完整地将会议文件收集保存下来，可以真实地体现公司的工作进程和历史面貌。

◇ **会议文件立卷归档的范围**

公司日常处理的会议文件很多。在众多会议文件中，多数需要留作查考，但其中也有少数没有查考价值，这就需要明确规定会议文件立卷归档范围，以确保有保存价值的会议文件资料能完整地立卷保存，做到既不遗漏，又不重复庞杂。同时还应明确立卷归档分工，避免遗漏和不必要的重复。

与会人员大会、与会人员会议、各种例行会议、工作会议和其他各种会议所形成的全部会议正式文件资料，如决定、决议、指示、计划、报告、开幕词、闭幕词等及其复印稿；上述会议的参考文件资料；上述会议的出席、列席、分组名单；上述会议的议程、日程和程序；上述会议的书面通知、来往重要电报、电话记录等；上述会议的会议记录、发言稿、简报、快报、纪要及其复印稿；领导在上述会议上的报告、讲话、谈话及其复印稿；上述会议的选举材料；上述会议有关的图表、照片、录音带、录像带等；上述会议的证件；上述会议的记录表，上述会议的总结情况；会议总结；与会人员名单、联系方式；其他有关资料。此外，对于外出开会带回来的重要的、有价值的文件资料，也应立卷归档。

根据《国家档案局关于几项不归档的文书材料的销毁暂行规定》，下列会议文件资料不需立卷归档：一是重份文件。对于一式多份的会议文件资料，只需保留一两份，其他多余份数不必保存。二是事务性、临时性、没有查考价值的文件资料，如召开一般业务性会议的临时通知等。三是未成文的草稿和一般性文件的历次修改稿，文件资料起草人在构思撰写过程中起草的未成文、未经审批的提纲、素材、底稿等，不需立卷归档。但重要会议讨论的关于法律、法令、指示等立法性文件资料，领导指导性文件和其他政策方针、长远计划等方面的文件的定稿和历次修正稿均须保存。四是内容被其他文件包括的文件资料。对于上述无须立卷归档的文件资料，可以进行简单的整理、登记，按照文件销毁手续销毁。

◇ **会议文件立卷的基本原则**

一是会议立卷工作的基本原则是"一会一案"。即以会议为单位立卷，按照会议文件资料的自然形成规律，保持文件之间的历史联系，反映工作活动的特点和真实面貌，便于保管和利用。

二是按照会议文书立卷归档的要求，每份文件均应保存三份。即一份原稿、两份复印稿。重要文件的初稿和历次修改稿的原稿和复印稿也各保存一份。

大会文件除立卷保存的以外，要再保存若干套印稿，按文件原来编号存放或按问题汇编成册，以备查找利用。为了会后利用方便，对所保存的会议文件应该按问题分类编出卡片作为索引。

◇ **会议立卷的方法**

一是编制案卷目录。在正常情况下，会议立卷工作应依据事先编制好的案卷类目来进行。案卷类目是每年初在实际文件尚未产生之前，根据公司性质、职权范围、内部组织结构情况、当年会议工作计划、任务和一年中可能产生的会议文件情况，参照往年的案卷类目，按照立卷要求拟制出的案卷分类名册。这是一种比较详细具体的立卷规划。编制案卷类目可以由会议秘书部门的有关工作人员提出方案，经主管领导批准即可。

二是灵活运用文件的特征立卷。每一份会议文件都有其一定的特征。一般来说，一份文件主要由作者、名称、内容、收文机关和形成文件的时间等几个基本部分组成，可以概括为六个特征：部门特征、时间特征、名称特征、作者特征、地区特征、通讯者特征。会议立卷就是按会议文件资料的共同特征或以一个特征为主结合其他特征组成案卷。

在按照文书立卷的原则和方法将会议文件资料立成案卷以后，应该按照归档制度的具体要求，办理好向档案部门的移交工作。这样，整个会议文件资料的立卷归档工作即告结束。对于整理完结不再有使用价值的纸张或清退后需要销毁的会议文件、简报等，应先登记造册，然后按规定进行销毁。严禁将会议文件、简报等当废纸出售。

79

会议文件立卷的工作程序是怎么样的？

会议文件立卷工作基本程序按照会议规模不同可细分如下。

◇ **大中型会议文件立卷的工作程序**

①收集文件。注意收集领导阅办完的会议文件资料。注意收集会议的非正式文件，如来往邮件、电话记录、证件等。

②甄别整理。检查收集的文件资料是否齐全完整，如有未收集的应尽快收集起来。剔出不需立卷归档的会议文件资料。

③分类归卷。即对会议所有文件、资料进行大体分类，区分主要文件资料、一般文件资料、参考文件资料、大会发言、书面发言、领导讲话、会议简报、会议快报、有关文书资料等，然后按问题和时间特征立卷。一般来说，会议主要文件资料（报告、决议、结论及主要负责人的重要的讲话等）单独立卷；一般文件资料及参考文件资料分别按问题特征立卷；大会发言按发言日期立卷；书面发言按地区或单位立卷；通知、来往文书按时间立卷。

④组卷。组卷时最好将永久、长期、短期三个保管期限的文件分别组卷。同一类问题的文件、资料集中组卷，按照文件张数多少，多的可分几个属类汇成一卷。卷内文件资料按重要程度和时间进行排列，同一文件资料的

不同修改稿按时间先后顺序排列，定稿放在前面。同时，为使案卷不受污损，要拆除文件、资料上的金属钉和障碍物，注意文件资料页码顺序的排列。

⑤卷内文件编目。定卷以后在会议文件资料上加盖编目章（包括卷号、顺序号），以卷为单位编排标注页码，第一页在右上角，第二页在左上角，把每份文件在卷内的位置固定下来。然后按顺序填写卷内目录，没有标题的文件要代拟标题。

⑥填写卷内文件资料备考表。即对每次会议卷内文件资料情况作必要的说明，说清楚文件资料的来龙去脉、形成过程、文件资料重要程度和卷内文件变动情况等，字迹要清楚，卷面要整洁，立卷者及检查者还要签注姓名和立卷时间。

⑦撰写案卷标题。每个案卷要拟定标题，一般应反映出会议名称、作者和主要内容。它是查找、利用文件的基本线索，因此所拟标题要确切，语言要通顺精练。标题通常由作者、问题、名称三部分组成。

⑧填案卷封面。案卷封面要用毛笔或钢笔正楷书写，字迹要清楚、整洁，卷皮所列项目应齐全，卷皮起止日期均以卷内文件资料的最早和最晚日期为准。

⑨案卷排列。大中型会议文件资料的分卷，也按保管期限、重要程度和时间排列。

⑩编写案卷目录。案卷目录是登记案卷和提供、利用档案的基本工具，是立卷部门向档案部门移交案卷的手续和凭证，也是档案部门检查、统计案卷的依据。要按案卷排列顺序逐卷逐项填写案卷目录，打印一式三份，两份随案卷移交档案部门，一份留存备查。

上述工作完成后，即可按归档要求移交档案部门。在正常情况下，应在第一二年上半年将上一年的案卷向档案部门移交归档。归档时交接双方应按照案卷目录清点核对无误后，履行签字手续。

◇ **日常工作会议文件资料立卷的工作程序**

  日常工作会议文件资料立卷也要从收集资料做起,搞好甄别整理。然后是组卷、拟定案卷标题。其他如卷内文件资料编目、备考表的填写、卷皮的填写、编写案卷目录等,与大中型会议基本相同。上述工作完成后,即可按归档要求移交档案部门归档。

80

编发会议纪要有哪些规范要求？

会议结束后，要将会议的情况及议定事项记载下来，并要传达给与会单位的有关人员，使他们对某个会议有共同的认识与行动方向，以便于贯彻执行，这就需要编发会议纪要。

会议纪要的作用是对上可以汇报工作，对下可以指导工作，对平级可以互通信息。有些会议纪要需要经会议讨论通过并签署，如协调性会议纪要，但大部分会议纪要是在会议结束后为了传达会议精神而拟写。有的需要下发执行的会议纪要，可以以"通知"形式发出。

会议纪要是在会议记录的基础上对会议内容的总结概括，不能将会议记录原封不动地作为会议纪要内容，要有重点、有详略地加以概括。写作会议纪要首先要弄清楚会议的目的、任务、内容和形式，掌握会议的所有文件材料，参加会议的全过程，并认真做好会议记录。与会议记录一样，对于会议讨论的情况或议定的事项，会议纪要要如实反映，不能添枝加叶、无中生有，也不能回避问题。要正确使用"纪要用语"，应使用第三人称，不宜写成"我们……"。常见的"纪要用语"有：会议听取了（收到了、取得了、讨论了）；会议认为（决定、指出、号召）；与会同志建议（认为、表示、倡导）等。

会议纪要有别于会议记录。二者的主要区别是：性质不同，会议记录是讨论发言的实录，属事务文书；会议纪要只记要点，是法定行政公文。功能不同，会议记录一般不公开，无须传达或传阅，只作资料存档；会议纪要通常要在一定范围内传达或传阅，要求贯彻执行。

◇ **会议纪要的工作程序**

会议纪要工作程序：完善会议记录，起草、编写会议纪要、确定印发范围、接收者确认、领导签字、打印成文、印制、分发或归档保存。

秘书要完善会议记录，对于不清楚、不明白、空缺的内容，要在会后立即请教发言人进行完善。为完整、准确地传达、执行会议决定，使会议决定的事项得以具体落实，需要在会议记录的基础上加工整理成会议纪要。

会议纪要的印发范围是根据会议的性质和纪要的内容来确定的。秘书需要将接收者签字确认的会议记录加以校对，经由领导签字后印刷，签章后发给会议决策执行人，使得会议决策得以实施。

◇ **会议纪要的拟写要求**

经过领导签发的会议纪要是会议的正式文件。这种文件应当简短扼要、观点鲜明、确切说明事项，不必发表议论和交代情况。具体有以下三点。

一是会议纪要实事求是，内容要忠于会议实际。

二是会议纪要内容要集中概括，去芜存菁，提炼归纳。

三是会议纪要要有条理，眉目清楚，使人一目了然。

◇ **会议纪要的格式**

会议纪要通常由首部、正文、尾部三部分构成。

①首部。这部分的主要项目是标题，有的会议纪要的首部还有成文时间等项目内容。

标题有两种情况，一是会议名称加文种，二是召开会议的机关加内容加文种。

成文时间即会议通过的时间或领导人签发的时间。一般在标题下居中位置用括号注明年、月、日，也可把成文时间写在尾部的署名下面。

②正文。公议纪要正文的结构由前言、主体和结尾三部分组成。

前言部分，首先概括交代会议的名称、时间、地点、主持人、主要议程、参加人员、会议形式以及会议主要的成果，然后用"现将这次会议研究的几个问题纪要如下"或"现将会议主要精神纪要如下"等语句转入下文。这项内容主要用以简述会议基本情况，所以文字必须十分简练。

主体部分，是会议纪要的核心内容，主要记载会议情况和会议结果。写作时要注意紧紧围绕中心议题，把会议的基本精神，特别是会议形成的决定、决议准确地表达清楚。对于会议上有争议的问题和不同意见，必须如实予以反映。

另外，在具体写法上，不同类型的会议纪要，写法也有不同。决议型纪要，主要根据中心议题，着重把会议形成的决定、决议的具体内容一一表述清楚。

综合性纪要，主体内容则侧重于突出会议的指导思想，全面介绍会议的基本情况。

结尾部分，属于选择性项目。一般是向受文单位提出希望和要求。有的则没有这部分，主体内容写完，全文即告结束。

③尾部。包括署名、成文时间、主送单位、抄送单位等内容。

署名只用于办公会议纪要，写明召开会议的机关单位名称。一般会议纪要则不需要署名，不加盖公章。至于成文时间，如果在首部已注明，就不再写。

主送单位是指要发文过去的单位名称（包括部门名称，向下级单位或本单位平行部门发文往往一式多份发往各个下级单位、各部门，应该分别归类写单位或部门的类称），抄送单位是指除主送机关外需要执行或知晓公文的其他单位或机关。如果会议纪要仅供内部传阅或存档，主送、抄送单位则省去。

◇ **会议纪要的写法**

根据会议性质、规模、议题等不同，大致可以有以下三种写法。

一是集中概述法。这种写法是把会议的基本情况、讨论研究的主要问题、与会人员的认识、议定的有关事项（包括解决问题的措施、办法和要求等），用概括叙述的方法，进行整体的阐述和说明。这种写法多用于召开小型会议，而且讨论的问题比较集中单一，意见比较统一，容易贯彻操作，写的篇幅相对短小。如果会议的议题较多，可分条列述。

二是分项叙述法。召开大中型会议或议题较多的会议，一般要采取分项叙述的办法，即把会议的主要内容分成几个大的问题，然后加上标号或小标题，分项来写。这种写法侧重于横向分析阐述，内容相对全面，问题也说得比较详细，常常包括对目的、意义、现状的分析，以及目标、任务、政策措施等的阐述。这种纪要一般用于需要基层全面领会、深入贯彻的会议。

三是发言提要法。这种写法是把会上具有典型性、代表性的发言加以整理，提炼出内容要点和精神实质，然后按照发言顺序或不同内容，分别加以阐述说明。这种写法能比较如实地反映与会人员的意见。某些根据上级机关布置、需要了解与会人员不同意见的会议纪要，可采用这种写法。

◇ **印发给有关部门有关人员或归档保存**

会议结束后，会议的精神需要通过会议纪要这一文体向下级单位传达，因此印发会议纪要也是会后的重要工作。为完成这一工作，秘书应认真掌握会议情况，透彻领会会议精神和决定，遵守会议纪要的格式规范，及时编制并发放会议纪要文本。

需要上报或下发的会议决议等，要抓紧印制并分发传递。会议纪要写好核定后，就要发给有关方面执行。如果会议决定的事项涉及有关部门，可以将会议纪要发给他们，也可以由秘书部门从会议纪要上摘录出有关内容后通知他们。

◇ **会议纪要应按印发范围和查看等级分发**

会议纪要未发出之前，会议还不能算结束。所以，秘书在拟定会议纪要后，应及时做好会议纪要的印发工作。

①会议纪要的印发流程。会议纪要的印发工作从对会议精神的领会开始，须经过查阅会议记录、起草编写等多个环节。秘书要完善会议记录，对于不清楚、不明确的内容，要在会后立即请发言人进行完善。为完整、准确地传达、执行会议决定，使会议决定的事项得以具体落实，需要在会议记录的基础上加工整理成会议纪要。

②确定印发范围。会议纪要印发范围应根据会议性质和纪要的内容确定。绝密级会议纪要只印发与会领导；一般会议纪要可印发与会人员，并视情况加发会议内容、决定涉及的部门；有些保密性强，不需部门知道纪要全部内容，只需他们知道有关会议决定事项的，印发会议决定办理事项通知，即决办通知。会议纪要、决办通知都要标明密级，进行编号。

③确认接收者。秘书应根据会议纪要的印发范围，发送到相应接收者手中，并落实接收者签字确认。

④签发会议执行。秘书在确认接收者后，将接收者签字确认的会议纪要加以校对，经由领导签字后统一印刷、盖章后发给会议决策执行人。如果会上取得一致的决策没有进一步的实施，印发会议纪要就显得毫无意义。

81

会议结束后
还有哪些服务工作礼仪不能忽视？

会后服务是会议服务流程中最后一个环节，是前面几项会议服务工作的延续，它能保持会议取得的成果，增加与会人员的美好印象。同时，做好会后服务工作也是完美闭会的必然要求，不能因小失大。

◇ **及时联系与安排返程票务**

一要了解与会者返程要求。秘书应通过会议回执、报到等多种渠道充分了解与会者对返程的具体要求，包括日程、时间、交通工具的选择、舱位及座位类型、抵达地点等。将每位与会者的要求全部准确、清晰地标示出来。一般情况下，按照与会者先远后近的次序预订返程票。

二要及时和与会者协商，了解其对回程安排是否满意，如有变动及时更正。

三要联系票务部门及时订票，用会议预付款支付票款。

四要将订好的票送交与会者，收取票款，同时和与会者商量离开的具体时间。

五要编制与会者离开时间表，安排送别车辆、人员。

此外，还可根据与会者的要求，通知与会者单位，告知与会者何时乘哪一次航班或火车返回，以便对方安排接站。

◇ 及时结清与会者的会务费用

会议结束后，会议主办方应及时安排与会者结算会务费用，同时提供相关发票，以供与会者回单位后报销。

◇ 检查房间

在与会者离会前，还应协助其检查会场或房间里有无遗漏的一些物品和文件。一旦发现，应及时上交或归还。尤其是住宿房间，应由宾馆服务人员仔细检查设备有无损坏、是否消费了协议中需自费的商品。

◇ 赠送纪念品不能违背相关规定

馈赠纪念品是一个不可忽视的环节，因为纪念品能表达送礼者的各种感情，如纪念、祝贺、慰问、友好、感谢等。大型会议纪念品的发放，可以放在会前签到时，也可以放在会后离会时，亦可送至与会者房间。会见、会谈等，则在主客同时在场时馈赠为宜。会议如要求制作通信录、合影留念，应把握好印制、冲洗时间，在与会者离会前发放。如遇特殊情况未能及时印制、冲洗，则应在日后以寄送或以其他方式转交。

挑选的礼品，既要符合与会者的兴趣爱好，又要能体现地方特色。不能送太贵重的礼品，以免有贿赂之嫌，但也不能太廉价，显得不重视客人。礼品要包装好，以表示对客人的尊重，但也不要过度包装，应注意环保。

要掌握好赠送礼品的时间和场合，一般要在与会者离开前把礼品送上。

◇ 送行礼仪应简朴而正规

与会者离会时要热情告别送行，人们常说"迎人迎三步，送人送七步"。离开时的送别比开始时的接待更重要。具体要求如下。

一是根据会议性质，会议主办方的领导尽可能安排时间出面道别。道别的形式可以是到与会者住宿的房间走访道别。如果与会者第二天早上走，则应在前一天晚上道别；如果在当天下午或晚上走，则在当天上午道别，且停留时间不要太长，半个小时为宜。除此之外，也可以在会议活动闭幕式结束后到会场门口道别。重要的与会者还要安排一定级别的领导人亲自到机场或车站送别。

　　二是提前安排好送别车辆，并告知与会者乘车时间，按时将与会者送至车站、码头或机场。

　　三是送别时应目送与会者乘坐的交通工具消失在视野中之后方可离开。

82 清理会场有哪些环节值得注意？

◇ **会场清理工作基本要求**

会场清理工作的目的是使会场重新恢复到有序状态，为进行下一次会议做好必要的准备，同时也能帮助检查参会人员是否有遗漏物品。

清理会场首先要做到文件和物品应收尽收。由于会议所使用的各种物品、文件以及设施、设备数量众多，极易造成丢失或损坏，所以首先应保证这些用品完整回收，防止出现遗漏、丢失或损坏等现象。

清理会场应做到恢复如初。会场内悬挂的会标、条幅，在会议结束后应进行拆除，使会场恢复到会议之前的状态。

清理会场还应做到不留死角。工作人员在会议结束之后，应认真检查会场的各个部位是否存在异常现象，及时发现并排除安全隐患。如发现问题，应及时上报并采取相应措施。

当所有参会人员退场基本结束后，现场工作人员即可进行会场清理工作。

◇ **文件清退工作**

文件清退是指将会议中所使用的各种文件进行清理和退还的工作，避免文件遗失或泄密。小型会议和大中型会议在会议结束后，进行文件清退工作的具体方法有所不同。

小型内部会议在主持人宣布结束时，要求参会者将文件放在桌面上，由秘书统一收集。也可以由秘书在会议室门口收集，散会退场的人员将文件交还给秘书。对于那些已经领取文件而未能到会的个别人员，秘书应单独向其收集所持有的文件。

大中型会议在清退文件时，应提前拟订并发出文件清退目录，先由参会者个人进行文件整理，再统一交还给大会秘书处。对于会议工作人员，应采取下发收集目录的方法，限时交退。

此外，有些文档经过会议承办后已经失去保存价值，可采取销毁方法。现在有条件的单位均采用专门的碎纸机，这种方法既彻底又安全，也不会污染环境，将文书切成碎屑还可回收再利用。

◇ 清点回收会务用品

根据会议筹备期间所准备的会议物品清单，列出在会场需回收的物品清单，然后根据清单一一清点所有物品，将收回的数量准确登记，对于缺少的应注明原因。

◇ 清理会场设备

会场所使用的各种设备，在会议结束后应按照每种设备的使用要求和操作方法进行关闭，需要装箱保管的设备，应将其小心拆卸并放入专用包装箱内。在清理各种设备时，必须根据设备清单逐一清点数量，防止出现遗漏。

如果有租赁的设备，在清理完毕后应及时归还出租方，需要办理相应手续的，由出租方开具发票。所有需要归还的设备列出清单，注明归还去向且有办理人员的签名。

◇ **整理并移交会场**

在会议召开完毕后,应立刻通知工作人员挪走先前设立的一些指导性标志,及时清理现场,以防给下面的会议造成不便。拆除主席台上的会议名称条幅和会议标志,拆除会场内悬挂的标语条幅。将会场内的桌椅归位并检查会场的各种设备。没有问题即可以与会场出租方办理移交手续。

83

做好会议总结有哪些规范要求？

会议总结是对会议组织筹备工作进行总结概括、回顾检查的文书。会议总结应具有经验性、规律性、借鉴性。

◇ **经验性**

会议总结和计划相反，是在事后进行的。会议总结的材料必须是事实的，是自身经历过的，包括典型材料和数据，这样才有实践意义。会议总结还应据实议事，运用画龙点睛的一笔，提出主题，写明层义。摆事实，讲道理；事实是主要的，议论是必要的。在写法上，以叙述说明为主。叙述不必详述，要概述；说明要平实准确，旁征博引。

◇ **规律性**

会议总结不是把发生过的事实罗列在一起，它必须对搜集来的事实、数据等进行认真的整理、分析和研究，找出某种带有普遍性的规律。会议总结要产生评价议论，即主题和层义以及众多小观点（包括经验和规律的思想认识）。而议论不是逻辑论证式，而是论断式，因为自身情况就是事实论据。会议总结是否具有理论性、规律性，是衡量一篇会议总结好坏的重要标志。

◇ **借鉴性**

会议总结对以后的工作具有借鉴作用。会议总结者需要思考：会议计划和会议实施是否脱节，会议偶发事件如何处理，会场安排是否得当，会议精神贯彻如何。通过全面检查、审视，反思会议前、中、后的经验和教训，将会对再次召开会议具有借鉴意义，会议部门的筹划、组织、管理、服务能力也会得到提升。

写作会议总结时，必须收集与会议相关的全部材料，包括会议基本情况，会议组织筹备过程等，必须在充分了解会议情况的基础上进行写作。写作内容除了要总结会议组织工作外，还要分析事实，找出规律，总结教训，为以后的会议工作提供参考与帮助。

写会议总结要注意点面结合，既注意会议整体工作效果，又要善于抓典型，找精华，把整个会议过程与其中的典型人物、典型事件结合起来，写出特色，充分发挥会议总结的作用。

84

会议总结如何撰写？

会议总结一般由标题、正文和落款三部分构成。

◇标题

标题一般有两种。简要式标题由"总结单位＋总结时限＋会议总结"组成，如《××公司法律工作研讨会会议总结》。正副式标题由正标题加副标题组成，如《适应市场竞争变化提高公司经济效益——××公司二〇二〇年度机构改革会议总结》。

◇正文

总结的正文一般包括三个部分：前言、主体和结尾。

①前言。前言是用最精练的文字概括的交代总结的基本内容，如总结的主要内容、时间、地点、背景、事件经过等，前言也可以将总结出来的规律性认识、主要的经验或教训、主要的成绩或存在的问题用简短概括的文字写出来。

②主体。主体部分是总结的重点，一般要阐明成绩与经验，即对过去工作实践中所获得的物质成果或者精神成果、取得的优异成绩及其成功的原因与条件的分析归纳。要善于从工作中归纳总结经验性的东西。总结一

般是先把成绩归纳出来，再分析经验，有的总结也会把经验寓于做法之中，全面总结经验和成绩。基本的写法有以下两种。

第一种是并列式，即把总结的成绩经验按若干个方面来介绍。

第二种是递进式，即将工作成绩和经验按时间先后的顺序来安排。这种结构一般是把工作过程分成几个阶段，分别对各个阶段的工作进行总结分析。采用这种结构形式的总结，适用于那些有明显阶段性的工作或在工作与思想认识上有逐步深入、层层推进的工作实际。

③结尾。会议总结结尾要简明扼要、短小精悍。有两种写法：一是总结式，对正文的内容用几句概括性的话来做结束。二是展望式，用简短的语言对未来的工作进行展望，展示美好的前景。有的总结没有结语。

◇落款

会议总结的落款要写明总结的单位名称以及成文年、月、日，即署名和署时，可以写在标题之下，也可以写在文尾。如果在标题中已表明了总结的单位名称，落款中这一部分便可以省略。

85

会议总结还有哪些细节需要注意？

◇ 进行会议总结的注意事项

一是撰写会议总结要及时、全面、科学。一个会议召开完毕、秘书就应着手撰写会议总结或会议纪要。总结和纪要写好后，一般较大型或较重要的会议需按一定程序修改初稿，然后印发。

二是在进行会务总结的过程中，会务组织与服务人员应对会议的组织与服务过程中的有功之人和有关部门进行表彰和奖励，慰问那些为搞好会务工作日夜辛劳的人员，同时，应该注意要由有关人员代表大会会务工作部门向这些同志的原单位介绍情况、联系补假。

在进行会议工作总结时，也有对会议组织与服务工作的整个过程中出现的漏洞与差错做出总结和检查，并对责任人进行必要的批评帮助，使他人吸取教训，避免今后再次发生类似的事情。必要时，还可写出总结报告，上报领导或入卷归档存查。

◇ 会议总结应充分考虑全面评估

会议总结的目的是分析会议组织过程中的经验和教训，对一些工作出色的组织和个体进行表彰，总结的结果可以为今后的会务工作提供参考依据。会议总结主要考虑以下方面。

其一，会议的召开是否必要，所提出的各项议案是否解决。

其二，会议的准备工作是否充分，设备物品是否齐全，配套设施是否周到。

其三，会议议程是否科学合理。

其四，会议组织工作是否完善，有无明显疏漏或失误。

其五，会议人数控制严格，有无超出预期规模。

其六，会议主持人的水平能力是否符合要求，是否达到预期效果。

其七，会议代表对会议的满意程度如何。

其八，会议决议是否得到有效的贯彻实施。

会议总结要以科学的绩效考评标准为指导，指定具体的量化指标，起到总结经验、激励下属、提高会务工作水平的作用。

除此之外，还要对会议筹备期间的组织、营销宣传、论文征集、资金筹措、资金管理等各项工作进行总结；对会议现场注册、现场签到、现场协调、会议专业活动情况、会议附设展览活动（如果有的话）、会议社会活动权、会议餐饮活动情况等工作进行总结；对会议结束后的收尾工作、会议评估工作、财务结算工作等进行总结。

86

如何完善会后评估体系？

召开一次会议，尤其是一些较重要的会议，组织者和上级领导若想清楚会议的效果如何，需要对会议进行评估。

◇ **评估的概念**

评估就是收集与特定目标相关的信息及类型的活动。它不同于调查，评估的目的是找出发生了什么，而调查则侧重于了解为什么事情会发生。

◇ **会议评估的意义**

通过会议评估，可以发现会议实施与策划之间的关系，了解会议目标是否实现，核算会议的成本与效益，了解与会者的满意情况并找出其中的不足之处，为以后提高会议效果找到相关依据。

◇ **会议评估的实施者**

主办会议的组织常常在内部由专人或专门的部门负责会议评估的工作。领导可能把这项工作交给人力资源部门负责。主办者也可以把会议评估工作外包给专业公司，不过这样做成本比较高。为了有效地完成会议评估工作，外部专业公司可能需要从策划阶段就开始参与会议的整个过程。

◇ 会议评估的常用方法

①定量评估和定性评估。定量评估将各种数字进行运算和统计分析，从而建立各种方式（方法、中介、模型），用以进行比较或深层分析。毫无疑问，任何评估都要包括定量操作的部分。而计算机的使用更促使人们使用定量评估的方法。

定性评估也被称为"软"数据，目前有较多进行定性评估的新方法，但是要进行定性评估依旧比较困难。定量评估比定性评估更容易设计、操作和分析。

②问卷调查评估。问卷，就是根据研究课题的需要而编制一套问题表格，由被调查者自行回答以收集资料的一种工具。问卷同时又可以作为测量个人行为和态度倾向的测量手段。

问卷的类型主要有以下三种：开放式问卷，即对问题的回答不提供任何具体的答案，而由被调查者自由回答的问卷；封闭式问卷，即答案已经确定，由被调查者从中选择答案的问卷；半开放式问卷，即通常给出主要部分答案，而将未给出的答案用其他一栏表示或留空格，由被调查者自行填写。

◇ 会议评估报告

非正式的分析甚至不需要被总结成书面报告，不过有一份书面记录通常还是有好处的。至少承办者应该写一份基本的评估数据陈述。如果评估使用定量方法，可以用表格或图表来反映结果。在拥有可做定量分析的数据时，人们常常想使用统计方法，但是应该谨慎行事，因为并不是所有收到分析结果的人都熟悉统计学，而且复杂的统计学形式可能会影响报告的可用性。

会议评估反馈结果的主要用途是总结本次会议以及为今后的会议提供参考。评估结果可以由各类回答者共同分享，不过这并不意味着他们每人都要得到一份评估报告。

87

会议评估的一般流程是怎样的？

◇ **正确地选择评估时间**

进行评估的时候将影响到反馈的情况。例如，在单场会议后，与会者还没有离开会场前立即进行的评估可能会受到"光环效应"的影响，数据反映出的更多是与会者对会议的感觉，而不是从会议中得到的收获。可能发言人在会议上讲了有趣的故事或使用了具有戏剧性的视听设备，从而使与会者受到热烈气氛的感染。也可能是会议日程安排生动有趣有新意，使与会者忽略了会议内容本身的质量等。虽然评估表格可以用比较慎重的措辞来尽量减少这种影响，但是与会者的回答还是更倾向于他们当时的主观感觉。在某场会议结束后一天或几天再进行评估时，与会者可能作出完全不同的回答。这时与会者感觉将在某种程度上被对会议主题的客观看法所取代，他们的反馈可能仍是正面的，但其中的原因已经不同了。

◇ **鼓励与会者现场对会议作出评估**

对于指定与会代表的会议，参与会议评估可能是命令性的，但是对于不好确定到会人员的会议和公众大会来说。必须给与会者一些鼓励，才能吸引他们参与评估。要鼓励与会者提供评估数据有几种办法。各场会议的管理者或会议组织者可以经常提醒与会者填写评估表格，这应该在各场会议结束时进行，并给与会者留出几分钟时间当场填写表格，然后再离开会场。在现场评估时要注意以下几点。

①收集评估表格的过程应该尽量简单。在小型会议中，可以安排一名或几名会场管理者或职员在会场的各个出口在与会者退场时收集评估表格。或者是在会场或大厅中设立回收箱，但是这样做能够收回的问卷不如前一种方法多。

②定性数据可以用描述性的报告来表现。一些阅读报告的人只对大致的结论感兴趣，而另一些人则希望得到相关的细节，所以在设计报告结构的时候要考虑到两类受众的需求，可以在报告的开始总结性地提出评估结论，然后再详细展开说明。

◇ 监督评估结果的应用

早在策划会议评估的同时应该考虑到如何使用评估结果。往往人们在对会议做完评估之后，就把结果放在一边，不再采取任何相关的行动了。

会议评估反馈的结果的两个主要用途：一是总结本次会议，二是为以后的会议提供参考。评估结果可以由各类回答者共同分享，不过这并不意味着他们每人都要得到一份评估报告。例如，如果分析关于会议地点的数据并没有得出任何显著的结果。那么就没有必要给会议地点邮寄评估报告了。对评估结果最重要的使用在于以后的会议，有关的负责人应该确保有这方面需要的人都能得到评估结果。

◇ 会议评估结果分析

分析会议评估结果，应严格对照以下几个方面：是否如预定的进行？会议的目的及议题是否彻底？会场或设备是否适切？必要的资料是否齐全？会议是否按计划进行？会议是否如预定的散会？全体人员是否了解主题？开始时，是否简要地叙述议题的重点？开会时的气氛是否热烈？会议讨论时，是否有偏离议题的观点？是否有很多生动且有建设性的发言？参加人员是否有所抱怨？

◇ **与会人员自我评估，全面跟进**

　　会议的评估和总结，不光是会议组织者要进行的工作，对于会议参加人员同样具有重要意义。会议主持人评估主持水平和效果，明确会议目标的实现程度、会议进程的控制技巧。对会议组织者正确评估会议具有重要参考价值。其他人员通过自我评估，有效了解自己在会议中的表现和发挥的作用，对于提高参与会议的能力大有帮助，从而达到全面跟进。

第八章

"非常规"会议的礼仪

88 有哪些非常规的会议类型？

◇ **新闻发布会**

新闻发布会又称记者招待会，是政府机关、社会组织或团体就某一事项向新闻媒体发布相关信息而举行的活动。

新闻发布会的特点是通过正规的途径、直接的渠道顺畅地沟通、发布权威的信息，影响大、受众广、传播快、效果好。

新闻发布会是各媒体获得新闻的重要途径之一，也是其最常参加的媒体活动。新闻发布会具有诸多便利，人物、事件、内幕等消息来源都比较集中，时效性强，参加发布会还可免去预约和采访环节上的一些麻烦和困扰。

◇ **表彰大会**

表彰颁奖会是组织表彰在组织的各个方面工作中作出突出贡献或成绩的个人和部门的会议，召开这样的会议有利于组织鼓舞士气，增强内部凝聚力，也是组织通过奖励先进，为人们提供学习和榜样，以进一步促进今后工作的一种方式。在组织的内部公关工作中经常被采用。

◇ **座谈会**

座谈会是一种圆桌讨论会议，通常由一群人聚到一起，人数一般不超过 30 人，在一个主持人的引导下对某一主题进行深入讨论。座谈会不同于一问一答式的面访，因为是多人讨论，在有经验的主持人的主持下，受访者互相之间有一个互动作用，一个人的反应会成为对其他人的刺激，这种互动作用会产生比同样数量的人做单独陈述时所能提供的更多的信息。

◇ 茶话会

茶话会是我国传统的聚会方式，是社交色彩最浓的一种会议，也是一种较为简便的招待形式。它是为了联络老朋友、结交新朋友庆祝节日的具有对外联络的社交性集会。

非正式的茶话会，一般是民间自发组织而形成的，大家边说边喝，热热闹闹，热气腾腾。谈话一般没有固定的议题。正式的茶话会一般有主办单位或主办人，事先要发通知或请柬给被邀请人，正式茶话会除了备有足够茶水以外，一般还备有糖果、糕点、瓜子、水果等。召开茶话会多在节日，借节日之题而发挥，一般也是采用漫谈的形式，无中心议题。在正式茶话会上的发言可以是祝贺、发感慨、谈感想、作总结、提建议、谈远景，也可以吟诗作唱，畅叙友谊，无固定模式，气氛也比较活跃、轻松、自由。

◇ 展览会

展览会特指有关方面为了介绍本单位的业绩，展示本单位的成果以及推销本单位的产品、技术，采用集中陈列实物、文字、图表、影像资料等方式而组织的商务活动。通过这种形式的活动达到供人参观、了解和学习知识、增长见识的目的。

◇ 学术研讨会

学术研讨会，是以学术研究为宗旨，以相互切磋、意见交流、成果发布为形式的特殊会议。学术研讨会与常规会议相比，具有涉及领域宽泛、以专家学者为参会主体、规模适中、学术民主和自由的鲜明特点。

  会议礼仪根据会议的不同类型有着不同的规范要求。相比常规正式的会议，一些非常规的会议，对礼仪的运用应根据实际需要和具体用途做相应的调整。比如新闻发布会、表彰会、座谈会、茶话会、展览会、学术研讨会，这些会议不仅在形式上与通常意义上的正式会议有所区别，而且在会议程序和活动内容上都各有特点。因此，在运用会议礼仪中应当以规范、实用、讲究效率为原则，以使这些"非常规"的会议同样取得圆满成功。

89

邀请新闻记者出席新闻发布会应注重哪些礼仪规范？

在新闻发布会上，主办单位的交往对象自然以新闻记者为主。在事先考虑邀请记者时，必须有所选择、有所侧重。不然的话，就难以确保新闻发布会真正取得成功。一般而言，在这一问题上，有以下三个侧重点必须认真予以考虑。

◇ **应否邀请新闻记者参加**

一家务实的商界单位，并非天天要依靠炒卖新闻而自抬身价。举办新闻发布会，首先要看有无必要性。即使存在一定的必要性，也要多加论证，要讲究发布会的少而精。

众所周知，向社会各界主动传播信息的方式并非只有举行新闻发布会一种。除此之外，发送新闻稿、邀请参观现场也可以发挥相同的功效。假如采用后两种方式即可发挥预期的作用，那么新闻发布会往往是可以不举办的。如果"新闻"不新，或是新闻记者毫无兴趣，而硬是一厢情愿坚持要开新闻发布会，弄得无人到场，可就洋相百出了。总之，不该邀请新闻记者时，就不要自讨没趣。若是没有必要邀请新闻记者，也就无所谓召开新闻发布会的问题了。

◇ 应当邀请哪些方面的新闻记者参加

决定召开新闻发布会之后，邀请哪些方面的新闻记者与会的问题就显得重要起来。实际上，这一问题又可分为两个方面：一方面，邀请新闻记者先要了解其主要特点。目前，新闻媒体大体上分为电视、报纸、广播、杂志等四种。它们各有所长，各有所短。电视的优点是：受众广泛，真实感强，传播迅速；其缺点是：受时空限制，不容易保存。报纸的优点是：信息容量大，易储存查阅，覆盖面广大；其缺点是：感染力差，不够精美。广播的优点是：传播速度快，鼓动性极强，受限制较少；其缺点是：稍纵即逝，选择性差。杂志的优点是：印刷精美，系统性强，形式多变；其缺点则是：出版周期较长，读者相对较少。了解了上述各种新闻媒体的主要优缺点，并在对其邀请时加以考虑，才不至于走弯路。

另一方面，在邀请新闻记者时必须有所侧重。在邀请新闻单位的具体数量上，新闻发布会自有讲究。基本的规则是，宣布某一消息时，尤其是为了扩大影响，提高本单位的知名度时，邀请新闻单位通常多多益善。而在说明某一活动、解释某一事件时，特别是当本单位处于守势而这样做时，邀请新闻单位的面则不宜过于宽泛。不论是邀请一家还是数家新闻单位参加新闻发布会，主办单位都要尽可能地优先邀请那些影响巨大、主持正义、报道公正、口碑良好的新闻单位派员到场。此外，还应根据新闻发布会的具体性质，确定是否要邀请全国性新闻单位、地方性新闻单位、行业性新闻单位同时到场，还是只邀请其中的某一部分。如拟邀请国外新闻单位到会，除了要看有无实际需要之外，还需遵守有关的外事纪律，并且事先报批。

◇ 应当如何协调主办单位与新闻界人士的相互关系

如前所述，新闻记者是新闻发布会上的主宾。主办单位如欲取得新闻发布会的成功，就必须求得对方的配合，并与之协调好相互关系。主办单位，特别是主办单位的主要负责人与公关人员在与新闻记者打交道时,一定要注意以下五点:第一,要把新闻界人士当作自己真正的朋友对待,对对方既要尊重友好,更要坦诚相待;第二,要对所有与会的新闻界人士一视同仁。不要有亲有疏、厚此薄彼;第三,要尽可能地向新闻界人士提供对方所需要的信息。要注重信息的准确性、真实性与时效性,不要弄虚作假,爆炒旧闻;第四,要尊重新闻界人士的自我判断。不要意图拉拢、收买对方,更不要打算去左右对方;第五,要与新闻界人士保持联络。要注意经常与对方互通信息,常来常往,争取建立双方的持久关系。

请错了媒体就像送不合适的礼物给别人,是难以让人满意的。本应请当地最知名的媒体,却请了几个名不见经传且信誉度不高的小媒体,即使你个人或集体声誉再好,此举也相当于砸自己的牌子。本来是社会性新闻,却请来了娱乐界媒体,宣传容易变得滑稽。

90

新闻发布会上，主持人和发言人如何默契配合？

毫无疑问，在新闻发布会上，代表主办单位出场的主持人、发言人，是被新闻界人士视为主办单位的化身和代言人的。而在新闻发布会召开之后，他们则更是有可能在不少新闻媒体上纷纷出镜亮相。在广大社会公众眼里，他们通常与本单位的整体形象画上了等号，甚至决定了社会公众对主办单位的态度与评价。有鉴于此，他们需要特别注重礼仪规范。

◇ **要注意外表的修饰**

主持人、发言人对于自己的外表，尤其是仪容、服饰、举止，一定要事先进行认真的修饰。按惯例，主持人、发言人要进行必要的化妆，并且以化淡妆为主。发型应当庄重而大方。男士宜穿深色西装套装、白色衬衫、黑袜黑鞋，并且打领带，女士则宜穿单色套裙，肉色丝袜、高跟皮鞋。服装必须干净、挺括，一般不宜佩戴首饰。

在面对新闻界人士时，主持人、发言人都要注意做到举止自然而大方。要面含微笑，目光炯炯，表情松弛，坐姿端正。一定要克服某些有损个人形象的不良举止，例如，抓搔头皮，紧咬嘴唇，眼皮上翻，东张西望，不看听众，以手捧头，双脚乱抖，反复起立，交头接耳，表情呆滞，不苟言笑，等等。

◇ 要注意相互间的配合

不论是主持人还是发言人，在新闻发布会上都是一家人，因此二者之间的配合默契必不可少。要真正做好相互配合，一是要分工明确，二是要彼此支持。

在新闻发布会上，主持人与发言人分工有所不同，因此必须各尽其职，才有配合可言。不允许越俎代庖、替人代劳。主持人要做的，主要是主持会议、引导提问，发言人要做的，则主要是主旨发言、答复提问。有时，在重要的新闻发布会上，为慎重起见，主办单位往往会安排数名发言人同时出场。若发言人不止一人，事先必须进行好内部分工，各管一段。否则人多了，话反而没人说，或是抢着说。一般来讲，发言人的现场发言应分为两个部分，首先进行主旨发言，接下来才回答疑问。当数名发言人到场时，只需一人进行主旨发言即可。

主持人、发言人的彼此支持，在新闻发布会上通常是极其重要的。在新闻发布会进行期间，主持人与发言人必须保持一致的口径，不允许公开顶牛、相互拆台。当新闻界人士提出的某些问题过于尖锐或难以回答时，主持人要想法设法转移话题，不使发言人难堪。而当主持人邀请某位新闻记者提问之后，发言人一般要给予对方适当的回答。不然，不论对那位新闻记者还是对主持人来讲，都是非常失礼的。

◇ 要注意说话的语言艺术

在新闻发布会上，主持人、发言人的一言一语，都代表着主办单位。因此，必须对自己讲话分寸予以重视。下述四点，尤为重要。

一是要简明扼要。不管是发言还是答问，都要条理清楚、重点集中，令人既一听就懂，又难以忘怀。在新闻发布会上有意卖弄口才、口若悬河，往往是不讨好的。

二是要提供新闻。新闻发布会，自然就要有新闻发布。新闻界人士就是特意为此而来的，所以在不违法、不泄密的前提下，要善于满足对方在这一方面的要求。至少，也要在讲话中善于表达自己的独到见解。

三是要生动灵活。在讲话之际，讲话者的语言是否生动，话题是否灵活，往往直接影响到现场的气氛。面对冷场或者冲突爆发在即，讲话者生动而灵活的语言，往往可以使之化险为夷。因此，适当地采用一些幽默风趣的语言、巧妙的典故，也是必不可少的。

四是要温文尔雅。新闻记者大都见多识广，加之又是有备而来，所以他们在新闻发布会上经常会提出一些尖锐而棘手的问题。遇到这种情况，发言人能答则答，不能答则应当巧妙地进行闪避，或是直接告之以无可奉告。无论如何，都不要对对方恶语相加，甚至粗暴地打断对方的提问。吞吞吐吐、张口结舌，也不会给人以好的印象。唯有语言谦恭敬人、高雅脱俗，才会不辱使命。

在新闻发布会正式举行的过程中，往往会出现种种这样或那样的确定的和不确定的问题。有时，甚至还会有难以预料的情况或变故出现。要应付这些难题，特别要求主持人、发言人在新闻发布会现场，一定要沉着冷静，机智作答。

91

新闻发布会举行后，出现不利报道，该如何对待？

新闻发布会举行完毕之后，主办单位需在一定的时间之内，对其进行一次认真的评估善后工作。一般而言，需要认真处理的事情，一共有如下三项。

◇ **要了解新闻界的反应**

新闻发布会结束之后，应对照一下现场所使用的来宾签到簿与来宾邀请名单，核查一下新闻界人士的到会情况。据此可大致推断出新闻界对本单位的重视程度。对到会的新闻界人士来讲，也有两件事必做不可：一是要了解一下与会者对此次新闻会的意见或建议，尽快找出自己的缺陷与不足；二是要了解一下与会的新闻界人士之中有多少人为此次新闻发布会发表了新闻稿。

◇ **要整理保存会议资料**

整理保存新闻发布会的有关资料，不仅有助于全面评估会议效果，而且还可为此后举行同一类型的会议提供借鉴。需要主办单位认真整理保存的新闻发布会的有关资料，大致上可以分为两类：一类是会议自身的图文声像资料。它包括在会议进行过程中所使用的一切文件、图表、录音、录像，等等。另一类则是新闻媒介有关会议报道的资料。它主要包括在电视、报纸、广播、杂志上所公开发表的涉及此次新闻发布会的消息、通讯、评论、图片、等等。具体可以分为有利报道、不利报道、中性报道三类。

◇ **要酌情采取补救措施**

在听取了与会者的意见、建议，总结了会议的举办经验，收集、研究了新闻界对于会议的相关报道之后，对于失误、过错或误导，都要主动采取一些必要的对策。对于在新闻发布会之后出现的不利报道，特别要注意具体分析，具体对待。

这类不利报道大致可分三类：一是事实准确的批评性报道，二是因误解而出现的失实性报道，三是有意歪曲事实的敌视性报道。对于批评性报道，主办单位应当闻过即改，虚心接受。对于失实性报道，主办单位应通过适当途径加以解释、消除误解。对于敌视性报道，主办单位则应在讲究策略、方式的前提下据理力争、立场坚定、尽量为自己挽回声誉。

92

举办表彰大会有哪些常规的流程？

表彰颁奖大会的一般议程如下。

①大会开始前播放音乐，锣鼓队敲锣打鼓欢迎受奖人员和宾客入座。

②组织负责人主持会议，宣布大会开始。

③有关领导讲话，介绍重要来宾、宣读颁奖决定和名单。

④举行颁奖。此时，应奏乐和奏鼓。受奖者在工作人员引导下，排队登台领奖。颁奖者可以是组织请来的重要宾客，也可以是本组织的领导人。颁奖者与受奖者一一对应，颁奖人在核对完奖品与受奖人姓名后，用双手将奖品或奖状递交给受奖人，并主动与其握手，表示祝贺。受奖人应鞠躬以示谢意，并用双手去接领奖品或奖状。在与颁奖人握手完毕后，受奖人应转过身来，面向全场来宾，将奖状或奖品高高举起，并再次鞠躬致谢，然后按秩序下台。受奖人数较多时，工作人员应安排好先后顺序，一轮一轮登台领奖。当台上有人在领奖时，工作人员应做好工作，将下一轮受奖人员按顺序排列在主席台旁侧，随时准备登台受奖。

⑤请来宾致贺词。

⑥由颁奖者和受奖的有关人员发言或致谢。

⑦宣布大会结束，音乐和锣鼓再次奏响，欢送受奖人员和全体来宾。在表彰颁奖大会结束后，组织可以安排一些文艺节目或播放影片以助兴。

93

营造表彰大会热烈的气氛有哪些方法？

"热烈、欢快、隆重"是庆祝表彰会的基本氛围，为体现这一点，就必须做到以下几点。

其一，会场布置采用大红横幅、彩旗、宣传标语、敲锣打鼓来体现这种气氛。会场大小要和与会人数相当。

其二，做好迎送工作，对上级领导或被表彰人员要热情、妥善地迎送，会场可播放轻松的乐曲，主席台人员入座时，全体与会人员要报以热烈的掌声。

其三，会议发言要短小精悍，每一个发言结束时，主持人要引导全场热烈鼓掌，这既是对发言者的尊重，也是为了进一步渲染、烘托会议气氛。

其四，表彰时先由领导宣布表彰决定，并为受表彰人颁发奖状、锦旗或奖金，宣读祝贺词。庆祝会可在其间穿插宣读贺电、喜报、捷报等，宣读时口齿要清楚，声音要洪亮，语调要欢快，要符合整个会场热烈的气氛。

其五，会后可安排联欢会、电影招待会、舞会或庆功宴会、座谈会等活动形式，从而与之呼应。

94

在座谈会中，主持人如何发挥重要作用？

座谈会的主持人对集体座谈过程的正确指导和有效控制，是开好座谈会的关键因素。实践证明，对座谈过程的指导和控制，要特别注意以下几个问题。

◇ **打破短暂的沉默**

座谈会一开始，往往会出现一个短暂的沉默期。究其原因，或者是座谈对象对会议没摸好底，或者是与会者之间不熟悉，谁也不愿冒失地打头炮、争第一。为了打破短暂的沉默，会议一开始，主持人就应简明扼要地说明座谈会的目的、意义、内容和要求，并对与会人员的基本情况作些简要的介绍。如果会前能选择好带头发言的人，那么主持人在自己讲完后就可请他率先发言，这样就能缩短以至消除会议开始后的短暂沉默。

◇ **创造良好的会议气氛**

良好的会议气氛是保证会议成功的重要条件。主持人在召开座谈会的时候，可以从大家熟悉的事情、关心的社会问题、时下的新闻热点谈起，以消除与会人员紧张戒备的心理。主持人应该尽量保持亲切、尊重和平静的态度，使与会者能在轻松的环境中，自然地敞开思想。主持人要掌握发问的技术、提问的方式，也要选择恰当的用词同与会者交流，争取与会者对回答问题的配合。如果会议涉及某些话题，出现短暂沉默，主持人要及时澄清所要表达的意思，通过玩笑、幽默等打破沉默，要使与会人员放下包袱，愿意去表达自己的想法和意愿。

◇ **掌控会议主题**

主持人要确保座谈会围绕一个事先确定的主题进行，要根据事先拟定的纲目和问题自然地进行交流。交流问题要紧紧围绕研究主题展开，应将研究的总目标分解成若干个具体内容，再根据这些内容设计出相应的具体问题。在座谈过程中，主持人要按照座谈计划中确定的座谈内容、谈话方式、问题顺序进入座谈。如果有人偏离了会议主题，要及时进行话题转换，回到会议讨论主题上来。

◇ **开展民主、平等的讨论**

有些座谈会往往形成少数人垄断会场，多数人"开陪会"的局面，或者是会议倾向"一边倒"，致使少数人的意见无法充分表达，这都不利于开展深入的讨论。要做深入的讨论式调查，主持人不仅要善于发现问题、提出问题，善于组织不同观点之间展开争论，而且必须坚持民主、平等的原则。在讨论过程中，主持人要贯彻"百花齐放、百家争鸣"的方针，保护每一个与会者的发言权利，鼓励他们畅所欲言，讲真话、讲心里话。要平等地对待每一个发言者，不可过分恭维某些发言人，给他们种种发言的特权，而轻视甚至忽视其他的发言人。要特别注意保护少数，充分尊重少数人的发言权利和意见，尽可能减少他们的孤立感和压抑感。

◇ **做好参会人员之间的协调工作**

在座谈会中，由于种种原因，与会人员之间常会产生一些矛盾或分歧。例如，参会者之间可能由于客观地位的差异形成尖锐的意见分歧，可能由于思维方式不同产生激烈的争论，可能由于双方固执己见而出现某些隔阂或争吵，可能由于互不信任、互相戒备而无法进行真诚、坦率的交流，等等。在出现这些情况时，座谈会的主持人应妥善做好引导和协调工作，以保证座谈会的顺利进行。如果发现与会人员之间开始出现明争暗斗的现象，应采取恰当的方式及时结束会议，以免造成更不好的后果。

95

面对不同类型的与会者，主持人该如何积极应对？

召开座谈会，在会议过程中会遇到各种各样的与会者，有的人口若悬河，有的人却一言不发，有的人事事都要争论不休，或是开口就跑题，还有的人总爱在会上开小会。这些人会影响会议的顺利进行。为此，作为会议主持人，应采取以下对策。

◇ 口若悬河的人

有些人话太多，他们喜欢听自己说话，他们似乎要利用每次会议来垄断讨论。如果你事先知道谁属于这类人，就安排他坐在你的左右，这样你可以"避免"看到他想要发言的举动。

如果他发言了，给他适当的时间，然后说："你提出的几点很好，现在让我们听听其他人的看法。"以此打断他。如果这一招不灵，就限定时间，比如，每人发言两分钟。

◇ 一言不发的人

有些人胆小，当他们想在众人面前讲话时，就舌头发紧。不要问一些使人难于回答的直接问题，使这样的人感到难为情，相反，问一些你认为他们能够回答的问题，例如，有关他们的工作、家庭或他们如何处理某一特殊情况的问题。有机会就表扬他们，拍拍他们的肩膀，帮助他们克服发言时的不安心理。

◇ 窃窃私语的人

当一个人开始与周围的人交谈干扰了会议时，你该怎么办？最好的办法是尽可能不理睬他。总有些人不体谅他人的感受，你不得不容忍他们。如果交谈达到必须加以制止时，你可以通过直接提问来试着打断交谈者。或者你也可以停止发言，等着他们安静下来。如果这也不管用，你可以对他们说："如果你们有什么要说的，请大声说出来，好让每个人都能从你们的讨论中获益。"

◇ 争论不休的人

事事都要争论的与会者会使一个良好的会议流产。因此，你需要掌握许多应对的办法。如果你能够做到，就尽量搞清他们为什么对每件事都过不去。一旦你找到了原因，事情就好办了。不要通过批评他们使之感到丧气，要把他们刻薄的评论和质疑看作是司空见惯。

如果可能，重复他们的意见，显得你已经接受了他们。如果你无法机智地控制他们，就把他们的问题提交给大家讨论。这样做大家可能会厌恶他们，无须施加任何压力就能使他们知道自己是多么讨人嫌。这可能会使他们安静下来。如果再不行，看看你是否能避免让这种遇事必争的与会者下次再出席会议。

◇ 离题万里的人

开会时经常出现离题的现象，甚至最出色的主持人也要想尽办法制止。这种现象出现过多的时候，会议就会脱离轨道，进程很慢，作为主持人，职责是把会议引上正轨。

  这时，可以说："这是个颇有意思的意见。可这对讨论我们的问题适用吗？"这样可能会使别人察觉到他们离题了，使他们回到讨论的议题上。或者，如果可能的话，逐步把较远的讨论与眼前的问题结合起来，可以把大家引回轨道上来。如果还不行，就总结一下到目前为止已经说过的内容。这就会调整其方向，把注意力集中到主要议题上来。

96

在茶话会上，准备茶点有哪些讲究？

茶话会，顾名思义，自然有别于正式的宴会，因此，它是不上主食、热菜，不安排品酒，而是只向与会者提供一些茶点。不论是主办单位还是与会者，大家都应当明白，茶话会是重"说"不重"吃"的，所以没有必要在吃的方面去过多地下功夫。设想一下，若是在茶话会上上了美酒佳肴，大家一味地沉浸于口腹之乐，哪里还有心思去发表高见呢？

在茶话会上，为与会者所提供的茶点，应当被定位为配角。虽说如此，在具体进行准备时，亦需注意如下几点。

对于用以待客的茶叶与茶具，务必精心进行准备。选择茶叶时，在力所能及的情况之下，应尽力挑选上等品，切勿滥竽充数。与此同时，要注意照顾与会者的不同口味。对中国人来说，绿茶老少皆宜。而对欧美人而言，红茶则更受欢迎。

在选择茶具时，最好选用陶瓷器皿，并且讲究茶杯、茶碗、茶壶成套，千万不要采用玻璃杯、塑料杯、搪瓷杯、不锈钢杯或纸杯，也不要用热水瓶来代替茶壶。所有的茶具一定要清洗干净，并且完整无损，没有污垢。

除主要供应茶水之外，在茶话会上还可以为与会者略备一些点心、水果或是地方风味小吃。需要注意的是，在茶话会上向与会者所供应的点心、水果或地方风味小吃，品种要多样、数量要充足，并且要便于取食。为此，最好同时将擦手巾一并上桌。

按惯例，茶话会举行之后，主办单位通常不再为与会者备餐。

97

— 展览会有哪些类型？

严格地讲，展览会是一个覆盖面甚广的基本概念。细而言之，它其实又分为许许多多不尽相同的具体类型。要开好一次展览会，自然首先必须确定其具体类型，然后再进行相应的定位。否则，很可能就会出现不少的漏洞。

站在不同的角度上来看待展览会，往往可以对其进行不同标准的划分。按照商界目前所通行的会务礼仪规范，划分展览会不同类型的主要标准，一共有下列四条。

◇ **根据展览会的目的分类**

这是划分展览会类型的最基本的标准。依照这一标准，展览会可被分为宣传型展览会和销售型展览会两种类型。顾名思义，宣传型展览会显然意在向外界宣传、介绍参展单位的成就、实力、历史与理念，所以它又叫作陈列会。而销售型展览会则主要是为了通过展示参展单位的产品、技术和专利，来招徕顾客，促进其生产与销售。通常，人们又将销售型展览会直截了当地称为展销会或交易会。

◇ 根据展览品的种类分类

在一次展览会上，展览品具体种类的多少，往往会直接地导致展览会的性质有所不同。根据展览品具体种类的不同，可以将展览会区分为单一型展览会与综合型展览会。单一型展览会，往往只展示某一大的门类的产品、技术或专利，只不过其具体的品牌、型号、功能有所不同而已，例如，化妆品、汽车等等。因此，人们经常会以其具体展示的某一门类的产品、技术或专利的名称，来对单一型展览会进行直接的冠名，比如，可称之"化妆品展览会""汽车展览会"等等。在一般情况下，单一型展览会的参展单位大都是同一行业的竞争对手，因此这种类型的展览会不仅会使其竞争更为激烈，而且对于所有参展单位而言不啻为一场公平的市场考试。综合型展览会，亦称混合型展览会。它是一种包罗万象的，同时展示多种门类的产品、技术或专利的大型展览会。与前者相比，后者所侧重的主要是参展单位的综合实力。

◇ 根据展览会的规模分类

根据具体规模的大小，展览会又有大型展览会、小型展览会与微型展览会之分。大型展览会，通常由社会上的专门机构出面承办，其参展的单位多、参展的项目广，因而规模较大。举办此类展览会，要求有一定的操作技巧。因其档次高、影响大，参展单位必须经过申报、审核、批准等一系列程序。有时，还需支付一定的费用。小型展览会，一般都由某一单位自行举办，其规模相对较小。在小型展览会上，展示的主要是代表着主办单位最新成就的各种产品、技术和专利。微型展览会，则是小型展览会的进一步微缩。它提取了小型展览会的精华之处，一般不在社会上进行商业性展示，而只是将其安排陈列于本单位的展览室或荣誉室之内，主要用以教育本单位的员工和供来宾参观之用。

◇ 根据参展者的区域分类

根据参展单位所在的地理区域的不同，可将展览会划分为国际性展览会、洲际性展览会、全国性展览会、全省性展览会和本地性展览会。规模较大的国际性展览会、洲际性展览会和全国性展览会，往往被人们称为博览会。应当明言的是，组织展览会不一定非要贪大求全不可，特别是忌讳虚张声势、名不副实，动辄以"世界""全球""全国"名之。若是根据参展单位所属行业的不同，则展览会亦可分为行业性展览会和跨行业展览会。

98

举办展览会的时间与场地选择需要注意哪些因素？

◇ 展览会的场地

举办展览会，免不了要占用一定面积的场地。若以所占场地的不同而论，展览会有着室内展览会与露天展览会之别。前者大都被安排在专门的展览馆或是宾馆和本单位的展览厅、展览室之内。它们大都设计考究、布置精美、陈列有序、安全防盗、不易受损，并且可以不受时间与天气的制约，显得隆重而有档次。但是，其所需费用往往偏高。在展示价值高昂、制作精美、忌晒忌雨、易于失盗的展品时，室内展览会自然是首选。后者则安排在室外露天之处。它们可以提供较大的场地、花费较小，而且不必为设计、布置费力过多。展示大型展品或需要以自然界为其背景的展品时，此种选择最佳。通常，展示花卉、农产品、工程机械、大型设备时，大都这么做。不过，它受天气等自然条件影响较大，并且极易使展品丢失或受损。

◇ 展览会的时间

举办展览会所用的具体时间的长短，亦称为展期。根据展期的不同，可以把展览会分为长期展览会、定期展览会和临时展览会。长期展览会，大都常年举行，其展览场所固定，展品变动不大。定期展览会，展期一般固定为每隔一段时间之后，在某一个特定的时间之内举行。例如，每三年举行一次，或者每年春季举行一次，等等。其展览主题大都固定不变，但允许变动展览场所，或展品内容有所变动。一般来说，定期展览会往往呈现出连续性、系列性的特征。临时展览会，则随时可根据需要与可能举办。它们所选择的展览场所、展品内容乃至展览主题，往往不尽相同，但其展期大都不长。

99

筹备学术研讨会，需注意哪些礼仪细节？

学术研讨会是以学术研究为宗旨，以专家学者为主体，充满学术气氛的非常规会议。要开好学术研讨会，必须做好以下几项准备工作。

◇ 会前预告

召开学术研讨会，主办方应在会前发出预告通知或论文征集通知。预告通知主要包括阐述会议的目的；介绍研讨的主题和具体课题；提出提交论文的要求、方法和时限；会议的大致安排等内容。

会议的具体时间和地点可以在确定会议对象后另发正式通知。按照礼仪要求，学术研讨会的预告通知要附上回执或报名表。

◇ 审定论文、确定参会人员

学术研讨会的组织者为保证学术研讨会的质量，要对收到的论文进行审核评定，根据会议的规模，本着学术公正的原则，通过层层遴选，最后确定参加会议的对象。这项工作最好组织有关专家完成，而不能单纯以领导意见来做决定。必要时可以建立学术委员会，专门负责审定论文的工作。

◇ **发出正式通知**

　　学术研讨会的参会人员确定后，要及时发出正式会议通知。学术研讨会通知的名称以"邀请函"或"邀请信"为宜。通知中要告知开会的具体时间和地点以及报到接待的方式。如需预定回程票，应在会议邀请函中附上回执。

◇ **落实接待工作**

　　大型学术会议的代表来自四面八方，做好接待工作意义重大，尤其是国际性学术会议，接待工作的要求更高、更严，要把它作为一项重要工作来做。

◇ **精心做好会前准备**

　　学术研讨会的筹备工作就绪后，会前的实务准备要落实到位，为正式开会做好各项工作。学术研讨会的会前准备一般包括以下几项内容。

　　①明确开会的目的。

　　②根据目的确定会议的主题、受众、预算以及宣传重点。

　　③根据主题邀请讲者。由于讲者的地位、繁忙程度和合作关系的不同，需要提前15天至3个月确认时间；一般重要的会议要有备用讲者。

　　④邀请大会主席。根据实际需要邀请，可以不设；一般大会主席的设立是出于对讲者的尊重、关系的平衡，以及提高会议的号召力等目的。

　　⑤安排会议流程。应包括：会议签到时间、正式开始时间、各讲者的讲话时间、茶休时间、提问时间以及会后用餐时间。

　　⑥确定需要参加会议的部门和人员（公司内部），召开准备会（或简单协商），明确分工和职责。

100

如何做好学术研讨会的服务工作？

学术研讨会召开正式会议前一天，主办方应组织所有会务人员参加会前会，对会议服务提出明确要求，一是要求大家拿出良好的精神面貌；二是明确会议分工，做好服务；三是明确意外情况发生的处理办法。

会议应该做好的服务有以下几个方面。

◇ **来宾的接待**

会议主讲者和参会代表应该有专人负责招待，交通、住宿和饮食都应该精心照顾好。

◇ **签到**

除专人负责签到外，还应安排专人负责引领，主要任务是从目标客户进入我们视野后到进会场入座的整个过程的陪伴，目的是让与会者觉得受重视和心情开朗。负责签到的人除签到外还应同时承担几个任务：会议秩序册的发放；茶休点的准备和引导；指示客户洗手间的位置。

◇ **维护会议纪律**

学术研讨会议正式开始后，应关闭会场前门，留后门供进出，如果只有一个门，在到会率达到 7 成以上也应关闭；内部人员非必须不要随意进出，更不允许在会议期间打闹和嬉笑。

如果安排会后用餐，应该在会议结束时，请主持人强调下聚餐的地点和行走路线，同时除留少数人负责收拾会场外，大多数人应引导参会者离开会场。

◇ 会议资料发放

会议资料有两种发放模式：在签到的同时用纸袋装好发给参会者，其好处是这样可以保证每个人都有一套完整的资料，也不会浪费；在会议开始前直接放在每个座位上，其好处是可以节省签到所用的时间，并保证与会者可以先看到重要的资料。

学术民主和学术自由，这是学术研讨会的可贵之处，也是最显著的优势和特点。在学术研讨会上，各种不同的学术观点都应当允许发表，健康的学术争论应当提倡并加以保护，"一言堂"是学术研讨会的大忌。

◇ 印发会议通讯录

学术研讨会期间是结交志同道合者的良好时机。为方便会后代表们相互联系和交流，同时也为留作纪念，会务工作机构要及时为每位代表印发会议通讯录。

◇ 汇编论文集

会后汇编会议论文集，是学术研讨会一项重要的后期工作。编好会议论文集，既能使会议成果集中体现，又能为进一步研究提供学术资料，有时还可提供给出版社正式出版。